魂消怪談
怪ノ目

冨士玉目

JN053721

竹書房
怪談
文庫

※本書は体験者および関係者に実際に取材した内容をもとに書き綴られた怪談集です。体験者の記憶と主観のもとに再現されたものであり、掲載するすべてを事実と認定するものではございません。あらかじめご了承ください。

※本書に登場する人物名は、様々な事情を考慮してすべて仮名にしてあります。また、作中に登場する体験者の記憶と体験当時の世相を鑑み、極力当時の様相を再現するよう心がけています。今日の見地においては若干耳慣れない言葉・表記が記載される場合がございますが、これらは差別・侮蔑を助長する意図に基づくものではございません。

その目になって見回せば、
怪異はそこここにありまして。
いやあ、魂消た魂消た。

目次

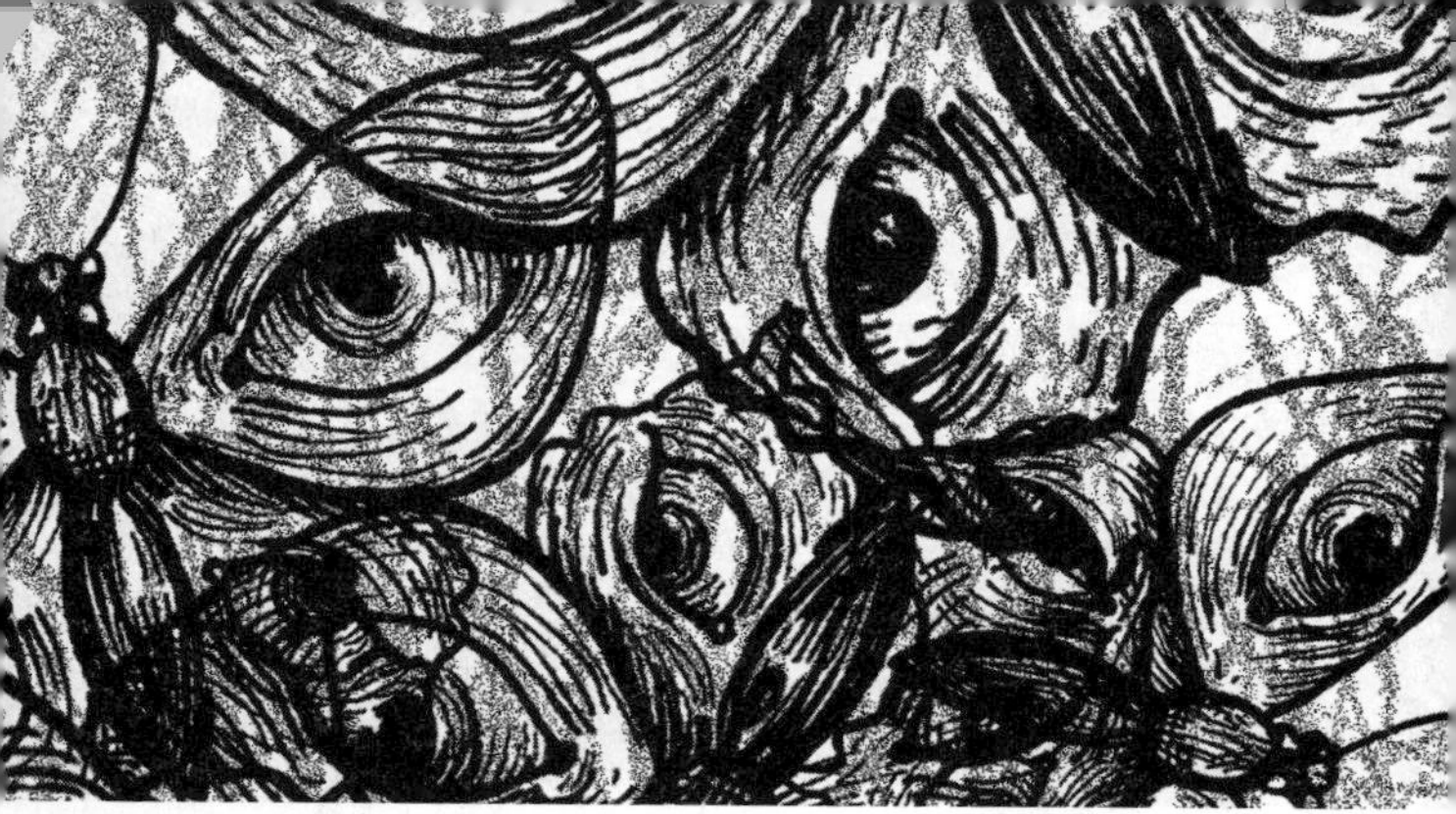

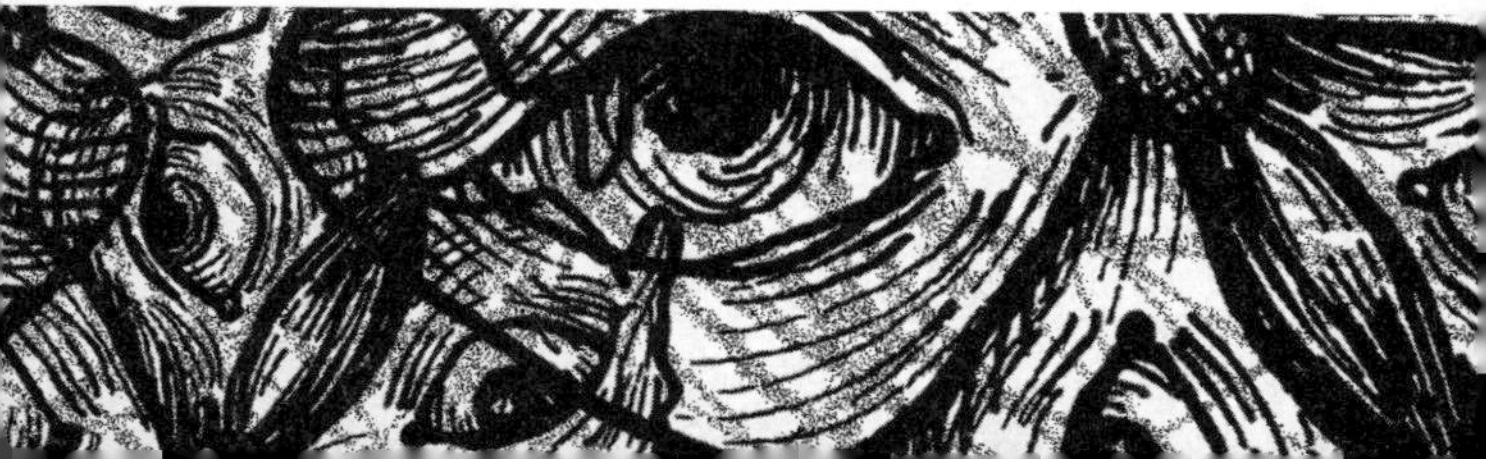

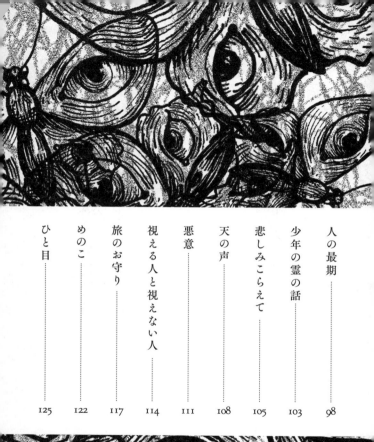

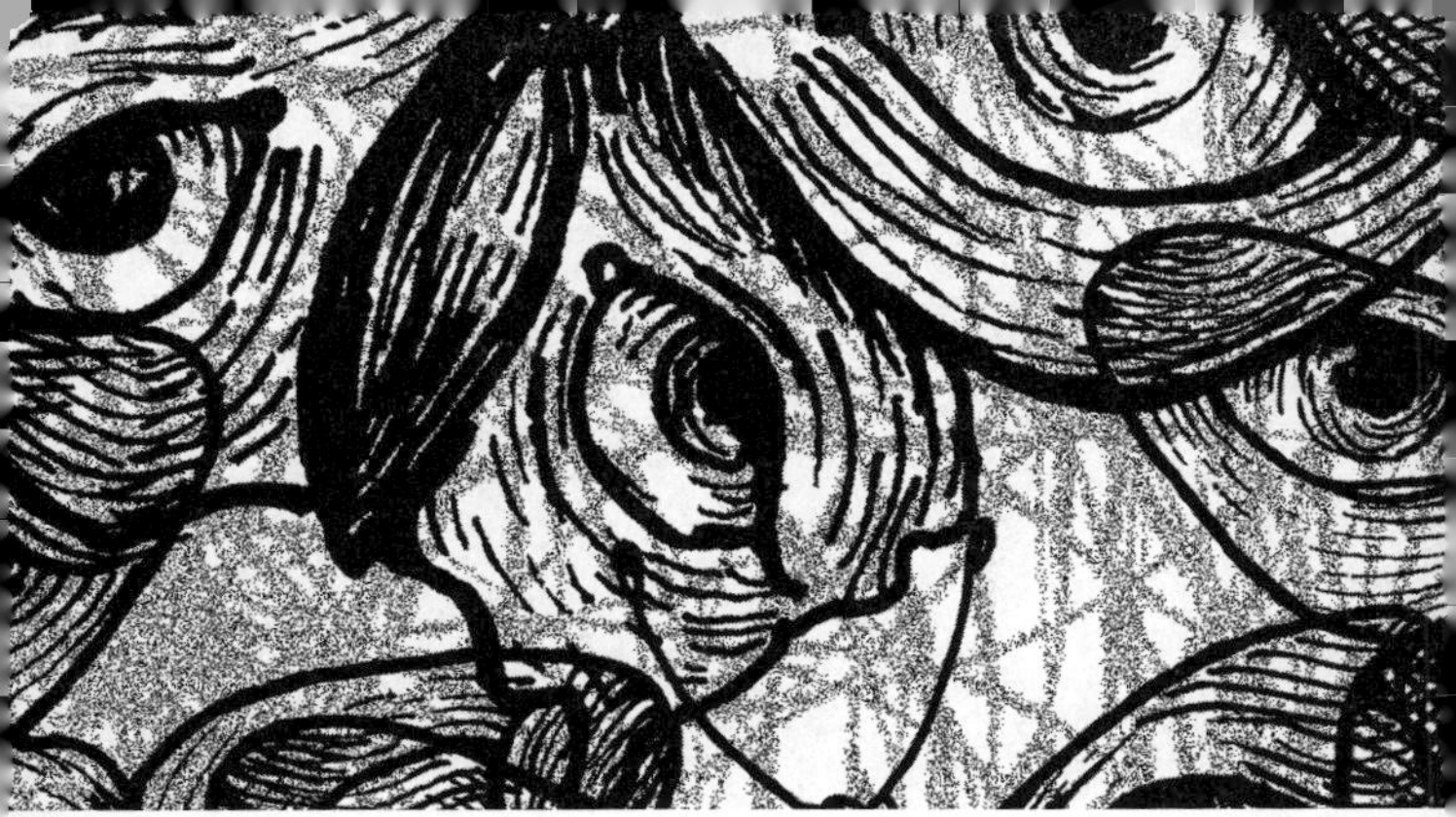

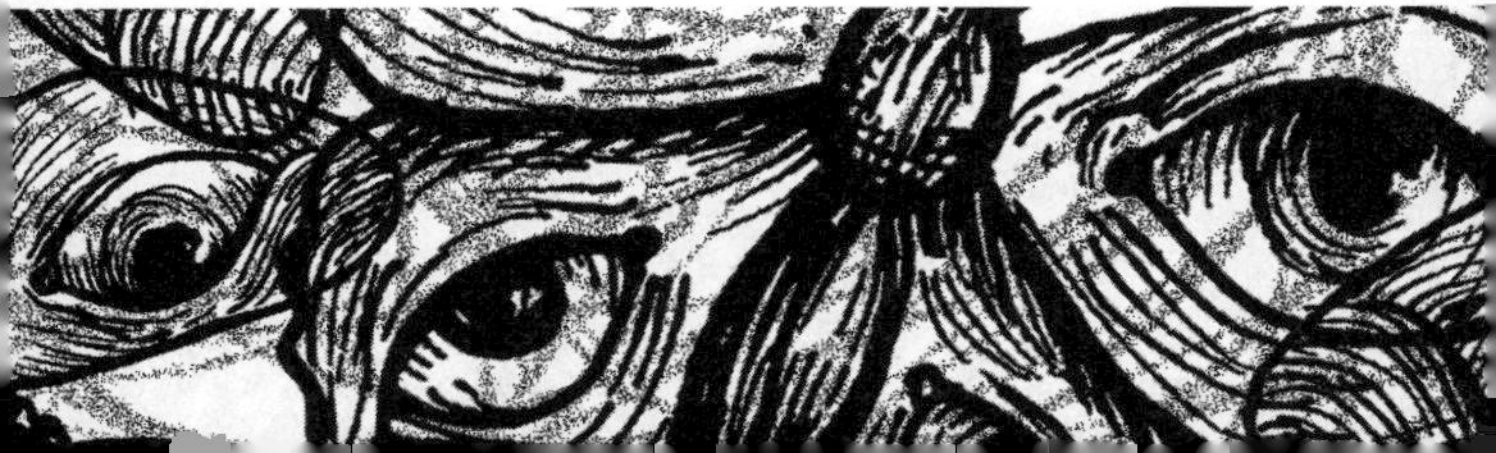

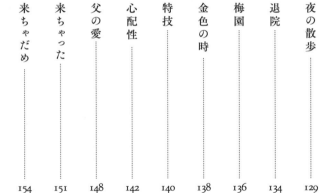

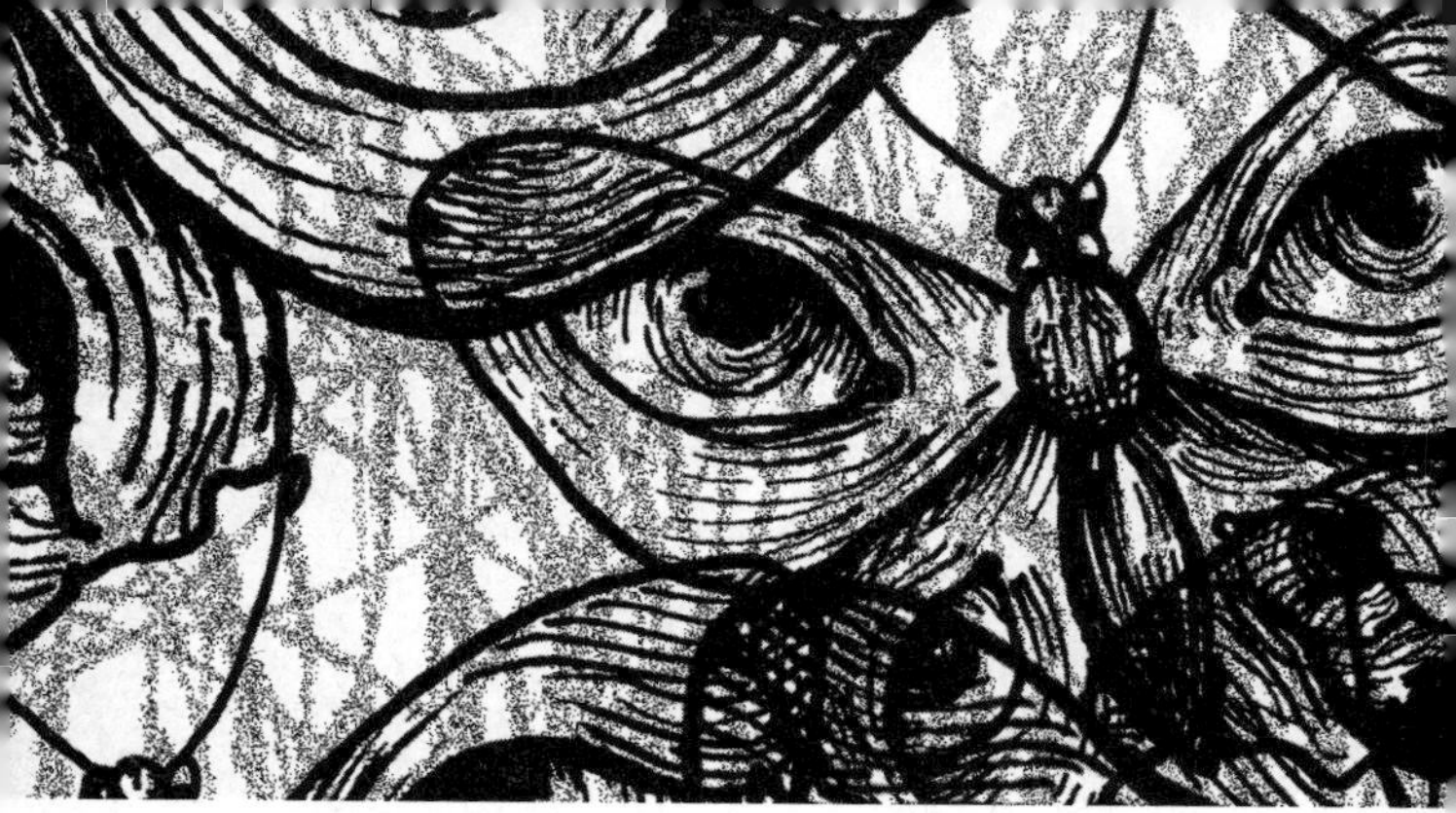

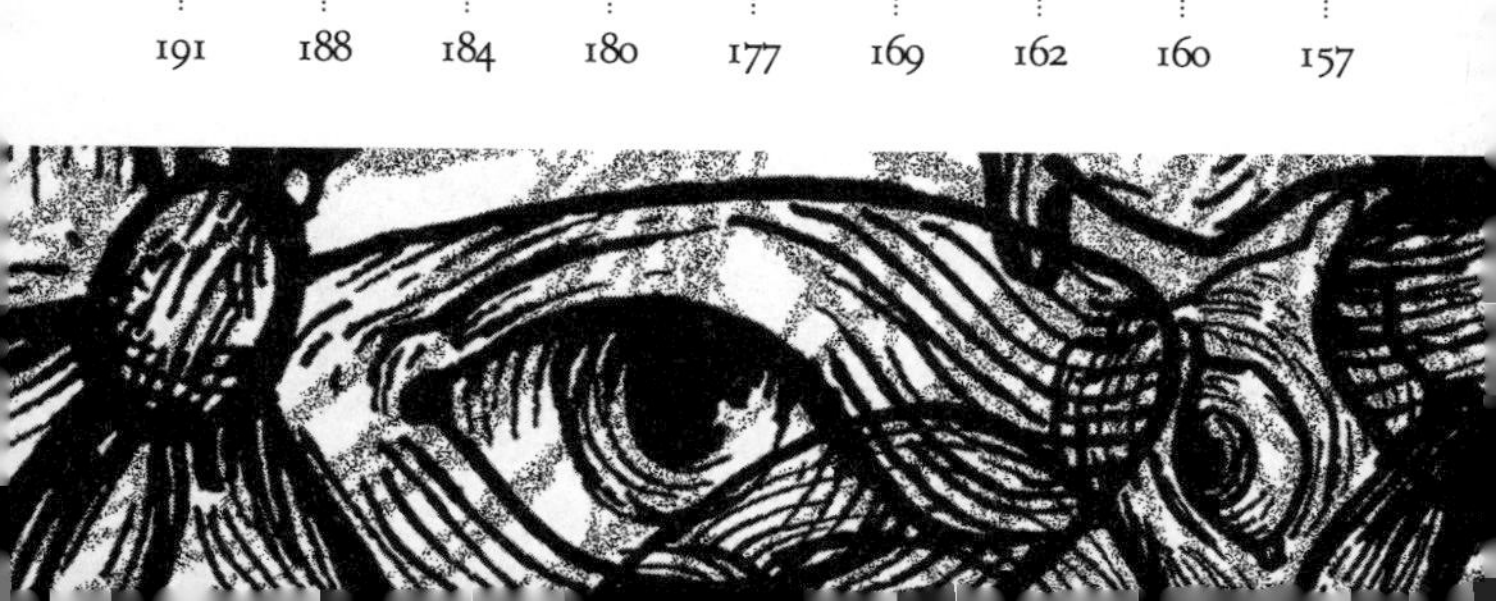

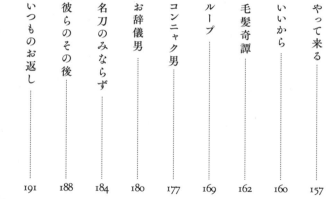

会議で言いたかったこと

コロナ禍を経て、ヒロキさんがオンラインで仕事をするようになって三年目のこと。その日もオンライン会議が始まり、プロジェクトメンバー六人が画面に集まった。ところが、今日の資料作成を担当しているRがいつまで待っても顔を見せない。ネットは接続されており、彼の名前といつもの背景は表示されている。本人だけが見当たらないのである。五分ほど雑談をしたが、やはりRは不在のまま。仕方ないので残りのメンバーでミーティングを始め、会議を録画することにした。

異変が起きたのは、会議から三十分ほどが経った頃だった。

R本人が不在の画面に、いきなり二、三歳くらいの男児が現れたのだ。

「え、Rさんの子？」

「いやいや、彼は独身でしょ？」

みんなで話しかけてみるものの、男の子はニコニコ笑っているばかりで反応がない。

「もしかして、音声がミュートなのかな」

「いや、マイクのアイコンは点いてるよ」

ひとまず「邪魔してるわけでもないし」と、そのまま会議を続けることになった。

ところがそれから約五分後、今度は母親らしき女性が入ってきた。

女性は子供の隣に座ったが、こちらを気にする様子もない。みなで呼びかけてみたものの、男児と同様にリアクションは返ってこなかった。

これには、さすがにメンバーもざわつき始めた。この親子はRの妻子なのだろうか。だとすれば問題だし、そうでなければ大問題だ。そもそもRがいない時点でおかしい。

そうは言うものの、向こうとコンタクトが取れない以上どうしようもない。

進行リーダーを務めていたヒロキさんは、「Rも来ないし、議題も確認できたから、今日はこのへんにしておきましょう」と、オンライン会議を終了させた。

その夜、ヒロキさんは議事録を作ろうとオンライン会議の録画を見直していた。

それぞれの発言を文字に起こしながら「それにしても、あの男児と女性はいったいなんだったんだろう」と考える。

三十分あまり経過した頃、例の子供が映り込み、まもなく女性が隣に腰を下ろした。

ふたりをぼんやり眺めていたヒロキさんの、キーボードを打つ手が止まる。

親子は、なにかを言っていた。

嘘だろ。オンライン会議中には声なんて聞こえなかったぞ。

カーソルを数分前まで戻し、ボリュームを上げる。ヘッドフォンから子供と女性の声が重なって聞こえてきた。

「となり——たすけて——」

ふたりは、そのセリフを繰り返している。メンバーが会話している背後で、母と子はぼそぼそと同じ言葉を連呼していた。

なにこれ——思わず声に出した瞬間、スマホがSNSのメッセージ着信を知らせた。

『今日はミーティングに出られず、すいません』

Rからのメッセージだった。

彼によると「会議の用意をしていたはずが、いきなり寝落ちしたように意識が飛んで、気が付いたら今の時刻になっていた」のだという。

「みんな怒ってるだろうと恐る恐る連絡したんですけど、会議は大丈夫でしたか？」

「いや、会議なんかどうでもいいから」

そう返信すると、続けてヒロキさんは「この親子って誰？」との短いメッセージに、録画した映像を添えてRに送った。

数分後、Rから返事があった。

「親子ってなんの話ですか？　なにも映っていないと思うんですが——」

驚いて、急きょ他のメンバーにも同様の映像を送ったが、全員から「録画にはなにも映っていない」と、戸惑いぎみの返信が届いた。

「確かにリアルタイムでは親子らしき人たちが見えてましたよね」

「でも、映像にはいないんです。僕らは画面の向こうに呼びかけてるんですけど」

メンバーの答えに、ヒロキさんはますます混乱した。

画面の謎はともかく、肝心なのは親子が発した「となり」「たすけて」のセリフだ。あれはどう考えてもSOSとしか思えない。Rの隣人に何かが起こったのだ。

「R、隣の住人がどうなっているか確認してくれ！　なんなら警察に連絡を！」

スマホへ齧《かじ》り付くようにして訴えると、Rは「無理ですよ」と答えた。

「なにが無理なんだよ！　両隣の部屋を確認するくらいできるだろ！」

「だって――自分、角部屋なんですよ。おまけに反対側は空き部屋だし」

「そう――なのか」

そのまま、話は「不思議なこともあるね」との結論で終わってしまった。


「まあ結局、真実は違ったんですけど――」

いきなりヒロキさんが声を落とした。

「それから一週間ほど経って、私が住むマンションの廊下に異臭が充満し始めたんです。悪臭の原因は、私の隣室でした」

そこで彼はようやく「そういうことか」と気が付いた。

あの親子は、ヒロキさんに訴えていたのだ。

助けて。隣にいるよ、と。

「のちに知ったんですが、隣には母子が住んでいたようです。その母親が急病にかかり亡くなっていたんですよ。子供は生きてたらしいけど、それでも後味が悪くてね――」

ヒロキさんはすぐに引っ越した。

「以来、ネット会議は苦手です。メンバーも〝また何か映ったら嫌だから〟と私抜きでオンライン会議をするんです。ほんと、仕事がやり難《づら》くなりました」

そう言ってヒロキさんは顔を歪《ゆが》ませる。

縁もゆかりもない

夜中二時過ぎ。マキさんの携帯に電話がかかってきた。

突然の振動に飛び起きると、二階の自室で寝ている娘からである。塾に通わせている時に持たせる子供用のＰＨＳでかけてきたらしい。

「なによ、いったい――」

文句を言いながら通話ボタンを押すと、しわがれた男の声がする。

「あづいよ、あづいよ、のどがやげぞうだよ」

ふざけているのかと思って、「どうしたの？　なにやってんのよ」と返すが、

「みずをぐれ、のどがやげぞうだよ、あづいんだよ」

老人じみた声は、絞り出すように同じ言葉を繰り返した。

これは、イタズラじゃない。

ただ事ではないと気付いて、マキさんは二階へ走った。

子供部屋に飛び込んで電気を点けると、娘はベッドの上で身をよじらせ苦しんでいる。小さな身体を抱きかかえると、燃えるように熱い。

「どうしたの」

パニック寸前のマキさんが訊ねるなり娘は、

「みずをぐれ」

泣きながら懇願し始めた。

混乱のままに台所へ向かい、体温計と水の入ったグラスをひったくると、頭の中で救急車を呼ぶべきかしらと考えながら部屋に戻った。

娘はグラスを手にすると一気に飲み干し、「はあはあ」と荒い息を吐いた。

落ちついたのを見計らい、マキさんが体温計を脇の下に差し込もうとする。途端、娘は失神するように倒れて、穏やかな寝息を立て始めた。

「気を失ったの？　どうしよう！」

娘の名を呼びながら何度も身体を揺するうち、気が付いた。先ほどまでの高熱が嘘のように引いている。念のために検温してみたが、体温は平熱。呼吸もしばらく確認したが、取り立てて異常はなさそうだった。

それでも安心はできない。マキさんは娘のベッドの脇に自分の布団を持ってくると、ちらちらと様子を見ながら添い寝をして、朝を迎えた。


「お母さん、なんでここで寝てるのよ！」

娘の絶叫で目が覚めた。いつの間にかぐっすり寝ていたらしい。

ひとあし早く起きた娘は、自分の隣で寝ている母親にドン引きしていた。


昨夜の出来事は、いったいなんだったのかしら。

元気に登校していく娘を見送りながら、マキさんは考えていた。

このままにしてはおけない。娘のためにも、あの声の正体を突き止めなくては。

思案のすえ、彼女は知り合いの整体師へ電話をした。その男性は腕のいい整体師でありながら、除霊師的な行為もおこなう〈視《み》える〉人なのである。マキさんとは旧知の間柄で、今までもなにかと相談に乗ってもらっていた。

「連絡が来ると思っていたよ。今すぐおいで」

マキさんが電話するや、彼は挨拶もそこそこに言った。

取るものもとりあえず施術院に駆けつけ、対面するなり昨夜の状況を話す。

彼は黙って聞いていたが、マキさんが少し落ちついたところで、

「戦争で焼死した人が憑いたんだね、広島の人だ」

あっさり言った。

「でも、あなたが水を飲ませてくれたおかげで成仏できたよ。いいことをしたね」

話はそれで終わった。見料は「善行に免じて」タダだったという。

その後、娘に何度聞いても、その夜の出来事はまったく憶えていなかった。

「それにしても、なんで私の娘に憑いたんでしょうね。現在暮らしている場所も、私や夫の実家も、広島とは縁もゆかりもないんですよ」

どうにも腑《ふ》に落ちないのだと、彼女は今も言い続けている。

根性見せました

八月の終わり、学生だったランさんが商店街を歩いていた時の話。

前方より走ってきた中型バイクの前に、いきなり一匹のキジ猫が飛び出した。

咄嗟《とっさ》に「あぶない！」と思った。ランさんの家では猫を三匹飼っており、両親ともに大の猫好きなのである。

案の定、バイクと猫は接触してしまった。「ぎゃん」と声を上げた猫は跳ね飛ばされ、バイクは一瞬バランスを崩しかけたが、一気に加速すると走り去ってしまった。

道路に横たわる猫はバタバタと手足を痙攣《けいれん》させている。

ランさんは猫に駆け寄ると、羽織っていたパーカーで猫を包みこんで抱き上げた。

病院へ行こうと思ったものの、その様子から見て助からないのは自明だった。

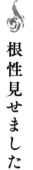

涙ぐむランさんの腕の中で、ほどなくキジ猫は呼吸を止めた。


それからふた月ばかりが経った頃。

彼女は友人からの紹介で、とある男性と付き合うことになった。

事故に巻き込まれて足に重傷を負い、リハビリ中の男性だった。ランさんと出会った頃は、ちょうどつらいリハビリを乗り越えたところで、少しでも元のように動けるよう頑張っている最中だったという。

彼は事故のことをあまり話したがらない。ランさんも「悲しい思い出をほじくり返すよりは、これからの助けになりたい」と献身的に連れ添った。

やがて交際から一年が経つ頃、彼の友人数名と一緒に食事をする機会があった。

「それにしてもさ——」

宴もたけなわになったタイミングで、酔いの回った一人が彼に話しかけてくる。

「お前、あの事故の時は大変だったよな。なんにもないところで、急にさ——」

「そうそう、死ぬかと思ったな。いや実際死にかけたし」

彼が言う。初めて聞く事故の話に、ちょっぴり心がざわついた。

「へえ、いったいどうしたの？」

さりげなく水を向けると、口の軽くなった友人たちが次々に話し始めた。

去年の九月頭のこと、自転車で商店街を突っ切ろうとしていたところ、途中で横からバイクが突っ込んできた。それを避けられずにぶつかってひっくり返ったのだという。

「そのときに、足が自転車のフレームに挟まって粉砕骨折したんだよな。場所が悪くて、一年経ったけどやっぱり元のようには動かないや」

そこで彼が、でも――と言いよどんだ。友人があとに続く。

「そうなんだよ。バイクが突っ込んできたっていうけど、実際にはそんなことはなくて、自爆だったっていう」

病院でも「バイクが、バイクが」と何度も説明したおかげで「頭を打ったのでは」と検査されて大変だったらしい。

「そもそも前日、同じ場所でバイクで猫を轢《ひ》いて。気持ち悪いし、洗車ついでに整備に出してたんだよな。だから自転車に乗っていたっていう」

え？　思わずランさんは聞き直した。

「バイク乗ってたの？　猫を轢いたって？」

聞けば、彼氏が事故を起こした日は、まさに商店街でキジ猫を看取った三日後のことだった。バイクの写真を見せてもらうと、あの時に見たバイクと同じものである。

「猫の呪いじゃねえか？　にゃあにゃあ」

彼がふざけ、ランさん以外の全員が大声で笑った。

そうだよ――。

爆笑するメンツを眺めながら、彼女は密かに呟いた。

というのも――。

ランさんはあの時、抱きしめている末期の猫に向かって、

「可哀想に、本当にひどいよね。猫は七代祟るっていうから、あなたに根性があるならあのバイク野郎のところへ行ってヒドい目に遭わせてやりな。死ぬのがどんなに怖いか思い知らせてやれ！」

そんなことを話しかけたことを思い出していた。

あの猫、根性あったんだなあ。偉いなあ、おまえ――。

一気に彼への思いが冷めたランさんは、その翌週に別れを切り出した。

「どうして?」と涙目ですがる彼に「あんた、一生バイクに乗らないほうがいいよ」と言いかけたが、止めておいた。

「別にどうなってもいいやと思ったんで」

彼の時間

「例えば、電車に乗って座席でスマホを眺めていたとしますよね。で、真正面を見たらちょっと目つきのおかしい人が座っていて、手にはナイフが握られている。どうします？　ヤバいって思うじゃないですか。その男にこっちを認識されないうちに、次の駅で降りようって考えるじゃないですか」

霊感持ちの大学生、ヨウスケさんによれば「霊がいる場所」では、このような感覚に陥るのだという。なので、できるだけ目を遭わせないように注意を払い、こちらも気が付いていないふりをして、その場をやり過ごすのを常としているそうだ。

それでも、たまには上手くいかないこともある。

ある年の夏。

彼は同級生四人とゼミの課題のために限界集落を訪ねていた。歴史や文化をテーマに住民へインタビューをおこなうフィールドワークが目的だった。

「その日は幸運にも夕飯をご馳走になったうえ、空き家を宿泊用に貸してもらうことができたんです」

何十年も人の住んでいない空き家は少し黴臭《かびくさ》かったが、友人と一緒ならばその程度は問題のうちに入らなかった。それぞれが寝袋にくるまりながらランタンの灯りを囲み、缶ビールを呷《あお》っておしゃべりに興じる。他愛ない、けれども至福の時間だったそうだ。

楽しくはあったが、それでも日中の疲れが溜まっていたのだろう、やがて、一人また一人と寝息を立て始め、ヨウスケさんもいつのまにか眠りの底に落ちていった。

妙な空気で覚醒したのは真夜中のこと。

目を開けると、あたりは暗闇に包まれていた。いつのまにかランタンも消えており、外から射し込む月光だけが部屋を鈍く照らしている。

ごく平凡な田舎の夜——なのに「何かがおかしい」との思いが拭《ぬぐ》えなかった。

よろよろと半身を起こし、改めて周囲を見渡す。

「え?」

隣で眠っているはずの友人の寝袋が、空っぽになっている。

あいつ、どこに行ったんだ？

首をひねりながら反対側を見るなり、ヨウスケさんはさらに驚いた。

そちらに寝ていたはずの友人も、さらにはもう一人の友人も、寝袋だけを残したまま姿が見えなくなっていたのである。

散歩？　トイレ？　まさか、俺を残して下山した？

彼は慌てて、開けっぱなしにした襖《ふすま》の向こう——隣の広間へ目を遣った。旅の荷物はその部屋にまとめてある。それらの荷物が残っているか確認するつもりだった。

広間には荷物があった。そして、何者かがいた。

子供を思わせる小さな人影である。手足が細く、腹の膨れたシルエットをしている。まるで、絵巻で見た餓鬼のような影はヨウスケさんのリュックを広げ、顔を突っ込むと中身を漁っていた。

「なんだおまえ」と思わず声が漏れる。途端、影が手を止め、顔をこちらに向けた。

目が合う——と同時に、周囲の気配が変わった。

隣に寝ていた友人の寝息が聞こえ、反対側から「どうした？」と声がかかる。

「え、あれ？」

数秒前まで不在だった友人全員が、いる。起きて忙しなく動いている。

「今、〝おまえ〟って呼んだだろ？」

「いや、違う。なんでもない。夢、見たみたいで——寝るよ」

寝袋に潜り直そうとしたケイスケさんを、友人が「寝んなって」と笑った。

「もう朝だぞ、いいかげん起きて帰り支度しろよ」

「え？」

そう言われ、周囲が明るいことに気が付いた。スマホの時計を見ると、いつの間にか時刻は午前七時になっていた。体感的には、寝てからせいぜい一時間しか経っていない。

すぐにリュックを確認したものの、誰かに開けられた痕跡はなかったという。

「その時は、煙に巻かれたような気分のまま都内の自宅へ戻ったんですが」


それから三日ほど経った早朝、ヨウスケさんは妙な音で目を覚ました。

ざあざあと箒《ほうき》で何かを掃くような音が、自室のドアの向こうから響いている。

ヨウスケさん一家の自宅はマンションの一階にあり、ベランダ代わりに庭がついている。その庭に面したダイニングから玄関まで長い廊下が続いており、父親、兄、そしてヨウスケさんの部屋が横並びに連なっていた。

音は、その廊下から聞こえていた。

外を掃除するならわかるけど、廊下を？　箒で？　掃除機もあるのに？

疑問は尽きなかったが、なによりもうるさくて眠るどころではない。たまらず自室を出ると、父親が箒を手に黙々と廊下を掃いていた。

有り得なかった。父親はいつも、この時刻には会社へ出かけているのだ。

なんでいるの？　まさか、リストラされたとか？　だから家事を？

ストレートに訊くのもなんだか憚《はばか》られ、ケイスケさんが口ごもっていると、

「おい、なにを連れてきたんだ」

唐突に父親が言った。

「なんのこと？」ポカンとする息子に、父親は「これだよ」と床を指差した。

薄黄色の砂が小山を作っている。

父曰く、いつものように起床して廊下に出ると庭からダイニング、さらにはヨウスケさんの部屋の前まで「砂が帯状に道を作っていた」のだという。

「今朝だけじゃない。もう三日目だ。俺は毎朝掃除している。だから〝おまえがなにか連れて帰ってきたんだろう〟と思ったんだよ」

彼の霊感は父親ゆずりである。その父親がこんな質問をするということは――つまり、そういうことだ。

「――夢だとばかり思ってたけど、実は三日前に」

あの村での出来事を思い出した彼は、例の一件を父親に聞かせた。

話を聞き終えるなり、父親は「ああ、それだ」と手を打った。

「その影は、たぶんその家に長く棲んでいるんだな。もちろん普通の人は見えないし、活動時間も夜中に限られているから今まで気づかれなかったんだろう」

「活動時間なんてあるの？」

「どうやら、現在みたいに人間が二十四時間働いていない時代に死んだヤツは〈自分の時間帯〉があるらしい。生きた人間のいない時刻に動くんだな。草木も眠る丑三つ時というのは、そういう意味なんだと思う。ところが」

父親が、箒の柄をケイスケさんに向ける。

「波長が合ったお前は〈彼の時間〉に介入してしまったんだろうな。そこで、あっちも自分に気づいてもらおうと我が家まで憑いてきた。ところが砂でサインを送っても俺が片付けてしまうから、肝心のお前は知らぬまま——というわけだ」

「——家にいるの？　お祓いとかしたほうがいいかな？」

「大丈夫だ。無視して目を逸らしていれば、そのうち諦めるよ」

父の言葉は正しかった。〈砂の道〉はその後も毎日発生したが、父親が掃除を続けると一週間目にぱたりと消えてしまったという。


「フィールドワークの時、集落に住むお爺さんが〝この村は昔、何度も飢饉《ききん》に見舞われたんだ。餓死者も多く、なかには食い扶持を減らすために間引きしたという悲しい記録もあるんだよ〟と教えてくださったんです。アレは〈そういうモノ〉なんでしょうね」

そう言ってケイスケさんが説明してくれたのが、冒頭の「電車の例」である。

「誰も自分を見ていないと思っていたら、いきなり知らない人間と目が合った。そりゃ〝なんだよ、おまえ〟と詰め寄ってきますよね。だからといって我が家を新しい住処にされても困りますから。やっぱり気付かぬふりで遣《や》り過ごすのがいちばんですよ」

彼の持論に納得させられた。
視える人には視えるなりの気遣いがあるのだ。

アがなく

田舎暮らしをしようと、さる西の土地へ移住したカナエさんから聞いた話。

彼女は、都内で勤め先が一緒だったご主人と結婚している。

ご主人の実家は田舎にある旧家だった。山一つを所有しており、おまけに実家は築数百年を超えるという立派な日本家屋。何も聞かされていなかったカナエさんは、結婚前のあいさつに行ってとても驚いたそうだ。

「そんな名家だなんて、主人は一言も教えてくれなかったので」

ご主人は一人っ子で、大学進学を機に東京に出てきて以来、実家にはほとんど戻っていなかった。結婚してからは毎年暮れに夫婦で顔を出すようにしていたが、病気だった母親が亡くなり、まもなく父親が急死してからはそれも絶えてしまった。

というのも実家は父親の弟、ご主人から見て叔父にあたる人物が継いだからだ。

「叔父さんが〝こんな田舎じゃ戻ってきても働く場所はないし、いまさら家を継ぐなんて大変だから、この家は自分が面倒を見てやる〟と言ってくれて。主人は、両親からも〝外に出ていい〟と言われていたけれど〝いざとなったらそうもいかないよなと思っていたから、本当に助かった〟と胸を撫で下ろしていて」

そんな叔父には、脳に障害を持つ娘がいた。

歳はご主人より四つほど上だったが、世間に出たことがない人で、叔父は娘の面倒を見ながらひっそりと暮らしていたのだという。

田舎の家で父娘ふたりの暮らしは、それなりに穏やかなものだったようだ。

「ところが、その叔父さんが突然亡くなっちゃって。よくよく聞けば、親戚は各地に散ってしまって他に縁者もいないとかで。結局、主人が後始末をしなくちゃいけないみたいで。そこで〝だったら私たち夫婦でその家に戻り、カフェか民泊でもやらないか〟と思い立って」

奇《く》しくも古民家ブームのさなか、インバウンドの観光客も増えつつある時期だった。

子供のいなかったカナエさんは「あんな立派な家屋を捨てておくのはもったいない」と思い切ってご主人を説得した。はじめは煮え切らなかったご主人も、結局は「それじゃ、やってみようか」と決断し、カナエさんの提案に賛成してくれた。

「それでも一気に仕事を辞めてしまうのは怖かったから、少しずつ準備を進めて。その間に財産分与をして、残された叔父さんの娘さんの身の振り方も考えて——」

週末は実家に戻って粛々と片づけを進め、耐震などの最低限のリノベーションをする。そのような方向性で話がまとまった。片づけで訪れるたび、周囲の土地がどうなっているのか見てまわるのも、カナエさんにとって楽しみの一つになった。

そんなある日。

いつものように周辺を散策していたカナエさんは、家の裏山の奥に、打ち捨てられているかのようにひっそりと立つ、小さな神社を発見する。

「神社だから狛犬もあるんだけど、風雪に削られたのか、もはや狛犬の形を成していなくて。かろうじて口が開いているヤツと閉じているヤツとの違いがわかるぐらい。でも、それはそれで趣《おもむき》があるというか。肝心の社《やしろ》は、誰かがそれなりに手を入れていた様子があって。主人にそれを言うと〝ああ、叔父さんが世話してくれていたんだろう〟って」

聞けば、ご主人の家は代々この神社の神主をしていたのだという。

「先祖から連綿と受け継いで、叔父さんで十何代目になるとかいう話だったんだけど、そんなの初耳だったし、どういう系統の神社なのか主人に聞いても〝よく知らない〟と言うばかりだし。結局、はっきりしたことはわからない状態で」

それ以上は確かめる手立てもないまま、神社のことはすっかり忘れていた。

まもなく、カナエさん夫妻が引っ越しを完了させるタイミングで、運良く叔父の娘が入所する施設が決まった。

「叔父さんの娘さんは、あまり言葉をしゃべることができない人で。だから私たち夫婦も積極的に会話することはなかったんだけれど――入居する施設に送り届ける車中で」

山が啼《な》いたから父さまは死んだね。

「いきなり娘さんが、私たちに向かって何度も何度も同じセリフを言ったの。一生懸命教えてくれている雰囲気でね、いったいなんのことかと思ってたんだけど――」

施設へ送り届けた帰り道、ご主人が急に「親父の言葉を思い出した」と口を開いた。

夜、裏の山で咆哮《ほうこう》が響くことがあるのだという。

その声が続くと、神社を継いだものが亡くなる。それは村で起こる厄災の身代わりになった証拠なのだ。だから、山が啼いたら俺は死ぬのだ。

義父が、そう言っていたというのである。

だから、息子に「早くこの土地を出て行け」と強く勧めたというのである。

「そんな話、まったく信じられないでしょう。主人によると、社を代々継ぐのは血縁の男性らしいの。でも叔父さんは亡くなっちゃったし、主人は神主なんて出来るはずもないし。〝じゃあ、もういいよね〟って話は終わったんだけど」

それから、三年が過ぎた。

田舎暮らしは思ったより大変だったが、ネットで始めた通信販売も規模こそ小さいながらも軌道に乗り、生活も安定していた。

その間もカナエさんは「地域の売りの一助になるのではないか」と、小さな神社に細々と手を入れたり、歴史を調べたりしていたのだという。

「でも、調べれば調べるほど謎が深まるんですよ。あれは神社というより、なにか違うものが祀《まつ》られているとしか思えなくなって——」

咆哮を耳にしたのは、そんな最中のことだった。

ある夜のこと。カナエさんは、山から響くその音を確かに聞いた。あまりにも大きな音に飛び起きて、すぐに隣で寝ていたご主人を起こしたのである。ところが、

「なに言ってるの」

と、夫とまるで話が嚙み合わない。

咆哮は翌晩も続いたが、やはり聞こえているのはカナエさんだけのようで、三日目の夜に聞こえた時は、たまらず夫を起こさぬように起きて外へ飛び出したのだという。

音に導かれるように、真っ暗闇の山中へと入っていく。音の出どころは、行きなれた神社へ続く道の向こうだった。そして、ようやく神社へ到着してみると——。

「阿が啼いていたんですよ。狛犬の阿吽の阿、口を開いているほうです」

長い年月と風雨にさらされ、窪みにしかみえなくなっている狛犬の阿の口から、その咆哮は響いていたのだという。

山の咆哮は一週間続いて、ぴたりと止んだ。

「その後、やっと授かっていたお腹の子供が流れてしまって。安定期に入っていたし、

いたって順調に育っていたので医者も首をひねるばかりで——結局は、死産という形になりました。性別もわかっています、ええ、男の子。ああ、そうかと思いました」

山が啼いたら、厄災の身代わりとなって神主が死ぬ。

夫が継がなかった神主の役を、この子が担ったんですね。

なんの身代わりになったのかはわからないけど——。

それ以来、子供はできなかったし、ゆえに神社を継ぐ人はもういない。

今はもう、近寄らないという。

ざらつく空気

その頃、サエキさんにはちょっとした悩みがあった。

夜中にするすると手繰り寄せられるように目が覚めてしまうのだという。

そうすると一気に頭が冴えて、目をつむっていてももう眠れない。首筋の後ろの方が「きゅ」となって軽い耳鳴りがする。

「それで目を開けると、部屋中がざらついて、うねっているように見えるんだ」

焦点が合わないのかなと思って、暗い部屋の中で布団に寝たまま宙を見つめ、左目を閉じ、右目を閉じと交互にウインクをしてみる。

すると、右目を閉じて左目だけで見た時に「あれ？」と思う。

部屋の隅に白い靄《もや》のような細身の老人がうつむいて立っているのだ。

両目を開けると消える。右目だけでも見えない。

左目で見た時にのみ、老人はあらわれる。

「眼球の老化だな、自分も歳を取ったんだなと思って」

サエキさんは、飛蚊症《ひぶんしょう》のようなものなんじゃないかな、と割り切った。

「もともと〝心霊現象は気のせいにすぎない〟って思っている派だったしね」

白い靄は女性に見えることや、うずくまった男性に見えることもあった。

しょっちゅうあるもので、あまり気にも留めていなかったらしい。むしろ。妙な光や影が見えるというのは白内障の症状にもあるらしいので、「単なる飛蚊症じゃないのは困るなあ」と、そちらの方を気にしているくらいであった。


「にしても、夜中に人の形で見えるのは、びっくりするし嫌じゃありません？」

話を中断してこちらが訊くと、サエキさんは「別に」と真顔で答えた。

「そう見える、ってだけで他はなにもないから。実害がないならなんでもいいやって」


ある夜、同じように目が覚めた。

眠気が急速に遠のいたので、水を飲もうとベッドから起き上がった。

電気を点けるほどではないと、そのまま台所に向かうと、視界がざらついた質感を帯びてきた。なので台所に入ると右目をつむり、左目で前方を見てみた。

流しの前の床あたりに白い靄があり、小さな子供がいるように見える。

明日こそ眼医者に行くかな。独り言《ご》ちて、その靄を蹴散らすように流しの前に立つと、洗いかごからグラスを取りだし、水道水を汲んで飲みほす。

グラスが空になった直後、妙な感触が右足首に当たった。

「柔らかくて冷たい粘土で、ぺろんと巻かれた感じ」だった。

感触が強くなる。ぎゅううと力が込められていく。とっさに右目をつむって床を見た。

予想は間違っていた。小さな子供ではなかった。

胸から上しかない女性が、サエキさんの右足首を両手で握っていた。

「ひぇ?」

間抜けな声を出した途端、その女が上を向いた。思わずつむっていた右目も開けたが、白い女の顔が両の眼にはっきりと映った。

女の肌は薄氷のように薄く、皮膚の下の肉や血管が見えていた。

すぐに家じゅうの電気とテレビを点けて、布団をかぶったまま長い時間を明かした。

足首に残る冷たい感触はいつまでも抜けず、なんだか「見たものは本当なんだよ」と突きつけられているような気がしたという。


結局、翌日も眼医者には行かなかった。

その女はそれきり見ていない。

別の夜に出てきた靄は、天井に張り付いて手招きをする老人だった。

いつも通りだと妙な安心をしたが、自分が両目を開いていると気付いて怖くなった。

「どうやらあの時以来、左目だけで見えるとは限らなくなったみたいで――」

だから今は電気を点けて寝るようになった。

おかげで白い靄を見ることはないから、なにかが現在もいるのかどうかはわからないそうだ。もちろん、知りたくもないという。

事故物件じゃないの？

一人暮らしのミズホさんから聞いた話。

ある時、彼女の母親が病気になってしまった。

実家ではルーという中型犬を飼っていたのだが、母の病状を考えると散歩や餌などの世話は難しい。結局彼女が引き取ることになり、ちょうどいい機会だからとペット可の物件に引っ越すことに決めたのだという。

ワンフロアに二部屋、戸数は八世帯という四階建ての小さなマンションである。

彼女の部屋は三階。エレベーターは設置されていなかったが、十歳のルーはすこぶる元気で階段も難なく上がり下りするため、それほど困りはしなかった。

なるほど、ペット可で立地も悪くないのに相場より家賃が安いのは、建物の古さが原因なのだろうと納得した。聞けば、隣室のお爺さんはもう十五年も住んでいるという。

こうして、一人と一匹の新生活が始まった。

ミズホさんは、仕事前に早起きして散歩に出かけることにした。近所にはランナーも走る絶好の散歩道があるのだ。リードを装着すると、ルーも散歩とわかるのか大喜びで尾を振り、ドアを開けるなり玄関を飛び出そうとする。

ところが階段の手前に来た途端、ルーは躊躇《ちゅうちょ》して一歩も下りようとしない。

「ルー、行くよ!」

クゥと情けない声を出してためらう愛犬を、半ば引きずるようにして階段を下りる。

ところが、中二階の踊り場を抜けた途端、ルーは先ほどまでの態度が嘘みたいに、飛ぶようにして駆け下りていった。

帰りも同様だった。

途中までは階段を勢いよく駆け上がっていくのに、踊り場に来るなり急停止する。地蔵のように固まったルーを、無理やり三階まで引きずっていく。

そんなことが毎日、散歩のたびに起こる。階段が苦手というわけではないようだが、理由がわからないのだから解決法も見つからない。

ミズホさんは朝晩の二回、犬を抱えて階段を上がり下りする羽目になった。


それからしばらく経った、ある朝のこと。

隣のお爺さんが部屋を訪ねてきた。

「朝、あなたが犬を抱っこしてるのを見かけてね。もしやと思ったんだが――」

すこし躊躇しながら、お爺さんは過去の出来事を教えてくれた。

「中二階の踊り場で、前に事件があってね。四階に住んでいた人が男に殺されちゃったんだよ。ナイフでめった刺しにされると、人間って内臓が穴からこぼれちゃうんだね。製麺機からニュルニュル出てきた生麺みたいになってたもの。もう十年は経つけど――やっぱり犬は、何かあった場所だってわかるんかね」

具体的な説明に気持ちが悪くなりながらも、ミズホさんは妙に納得していた。愛犬が単なるわがままではなく勘の鋭い子であると知れたのも、すこし嬉しかった。

とはいえ、十三キロの犬を抱えての階段はやはりキツい。そんなわけで彼女は現在、エレベーターのあるマンションに移ろうと画策中らしい。

残念ながら、今の場所と同条件の部屋は見つかっていないそうだ。

赤電話

昭和四十年代、ハルタカさんが幼かった頃の話。

ある時、ハルタカさんは家の近所にあるお稲荷さんの社から、お神酒を入れるための盃を盗ってしまったのだという。

夕方のことで、母親は商店街のスーパーへ買い物に出かけていた。

「家にいなさい」と言われていたのに、ついちょっとだけのつもりで外に出てしまい、近所の古いビルの敷地内にあるお稲荷さんで一人遊びをしていたのである。

お社の扉は閉まっていたが、小さなガラス窓越しに白い盃が見えた。

純白の盃を眺めているうち、どうしてもそれが欲しくなった。自分のものにしたくて堪《たま》らない。ハルタカさんはそっと扉を開けると、盃をポケットに押し込めた。

後ろめたさで家まで飛んで帰る。

玄関の引き戸を開けるなり、廊下の黒電話がジリリリと鳴ってギョッとした。

母親はまだ帰っていない。「知らない人からの電話に出てはだめ」と言われていたけれど、そのままにもしておけず受話器を取った。

「もしもし。はい、はい、すいません——」

電話の相手に何を言われたのか、話の中身は覚えていない。

ただ、子供心に「とてつもなく怖い」と思ったことだけは、はっきりと記憶している。怒られたとか脅されたとかではない。もっと純粋に恐ろしい会話だった。

恐怖のあまり、ハルタカさんは母親を探しに外へ飛び出した。

泣きながらスーパーまでの道を走り続ける。途中で息が切れてしゃがみこんだ途端、タバコ屋の店先に置かれている赤電話が急にギャンギャン鳴りだした。

あの電話の主だ。怖い言葉を聴かせようと赤電話に掛けてきたんだ。

びっくりして、泣きべそをかきながら走った。

下町の小さな商店街だというのに、スーパーまでの道のりは異様に長かった。母親と一緒に来た時は五分ほどの距離だったはずが、いつまで走っても店の影さえ見えない。

一瞬、途方に暮れて足が止まる。

その途端、電器屋の店先に置かれていた赤電話がジャリジャリジャリジャリと鳴った。

もう限界だった。

「おかあさーん！」

ハルタカさんは泣き叫びながら、商店街の真ん中で立ち竦んでしまった。

そこに、たまたま近所のおばさんが通りかかった。

「あらハルちゃん、どうしたの？　何泣いてるの？」

返事もできず泣き続ける姿を見て、迷子にでもなったと思ったのだろう。おばさんは手を引いて家まで連れていってくれた。

「どこに行っていたの！　いったい何をしてたの！」

玄関を開けるなり、鬼のような顔をした母親からカンカンに怒られた。

母に会えた安堵と叱られた恐怖で、ハルタカさんはすべてを打ち明けた。

お稲荷さんで遊んでいたこと。盃を持ち出してしまったこと。怖い怖い電話があったこと――母親は話を聞き終えるなりハルタカさんに追加の雷を落とすと、近所の菓子屋でお饅頭を買うとハルタカさんと一緒にお稲荷さんへ返しに行き、お饅頭を供えて社に謝ってくれた。

そのおかげだろうか、怖い電話がかかってくることは二度となかったのである。


という記憶を、ハルタカさんは自身の長男が生まれた日に思い出した。

怖くも懐かしい出来事だが、電話の中身が覚束ない点だけはどうにも落ち着かない。

そこで彼は初孫の誕生を電話報告したついでに、母親へ「憶えてる?」と聞いてみた。

何かの手がかりが母から得られるかもしれないと思ったのである。

ところが、母親は「その思い出、おかしくない?」と予想外のことを言い出した。

「私は買い物なんか行かず家にいたはずよ。居間にいたはずのあんたが、いつの間にか外に出て、いきなり泣いて帰ってきたんじゃないの」

「――でも、盃を返しにお稲荷さんへ一緒に行ったのは事実でしょ」

「確かに行ったわよ、お饅頭を持って。けど、お社の扉は管理人さんが早朝に掃除する時以外は鍵がかかっていて、盃を返しに行った時も開かなかったのよ。どうして子供のあんたが、扉を開けて盃を持ってこれたのか、すごく不思議だったもの」

「昔の話だし、母親と自分の記憶が少し違っているのは仕方ないのかもしれないけど、なんだか狐に化かされたような話ですよね」とハルタカさんは笑う。

電話の中身は、今もわからずじまいのままだが、思い出そうとするたび勝手に身体が震えるのだという。

悲鳴

車のスクラップ工場で働いていた、カズさんの話。

彼の証言によると、時たま潰す車が〈この世のモノとも思えない〉ような悲鳴を上げることがあったのだという。

「スクラップされる車ってのは、事故車だとか何年も放置された年代物の不動車とか、リユースするにも金がかかるだけのガラクタが多いんだけど、たまに〝なんでこんなにきれいな車両が？〟みたいなのもあるわけ。そういうのが潰されると悲鳴を上げるの」

鉄の軋《きし》みなどとは違う。

「まさに、人の叫びでね。しばらく一緒に働いていたオジサンが、そういうモノが視えちゃう人だったらしくてさ。〝あの車、三人殺してるよ〟とか〝中に子供が乗ってるわ〟とか平然と言うの。まさしくオジサンの指摘した車が悲鳴を上げるんだよね。そんな人と一緒にいたから、俺にも聞こえたのかもしれないけど」

ある日、そのオジサンは突然辞めてしまったのだという。

「うん、それからは俺も聞かなくなっちゃった。それでも気味が悪いから、俺もその後に職場を替えたんだけどね。車で殺されたモノがその車に乗っていて、スクラップでもう一回殺されるみたいな感じがして、なんか浮かばれねぇなって。あの頃はそんなことをいつも考えていたことを、話しているうちに思い出したよ」

里帰り

ナツさんという女性から聞いた話。

彼女のご主人は、東北の沿岸部のHという町に実家がある。夫婦は毎年バカンスも兼ねて、お盆に里帰りするのが慣《なら》いになっていた。

ところが、ナツさんにはひとつだけ気掛かりがあった。

「行くたびに何かをつけちゃうみたいで」

つける、とは〈憑ける〉という意味である。つまりH町に行くと、いろいろ奇妙なことが身の回りに起こるらしい。ナツさんは取り憑かれやすい人なのだ。

以前にはこんなことがあった。

彼女は夫の実家を訪ねると、早朝に近所の砂浜を散歩するのが日課だったのだという。

その日も、自分以外に誰もいない夜明け間近の浜辺を、左に海を見るような形で、ひとり歩いていた。まもなく浜全体が明るくなって、水平線に太陽が頭を見せ始めた頃、前方から歩いてくる一人の老婆に気が付いた。

「おはようございます」

近づいてきた老婆へ、ナツさんは声をかけた。このあたりの住民は、顔見知りでなくとも気さくに挨拶を交わすのだ。ところが、そのまますれ違おうとしたところ、

「ダメだよあんた！」

急に、お婆さんがナツさんの行く手を塞ぐように立ち止まった。

「えっ！」

何か怒られるようなことをしたのか。ドギマギしていると、お婆さんはナツさんの右肩の上に両手を持っていき、そこで何度か手を打ち鳴らした。

「あんた、気がついてなかったんだね。えらいもんつけて」

「あの、いったいなんのこと――」

言いかけたナツさんの言葉を遮り、お婆さんは「ほれ」と指を差した。その指先は自分の背後、ここまで歩いてきた浜を示している。

わけがわからぬまま振り返るなり、彼女は言葉を失くした。彼方から続くナツさんの足跡。その右横に、もうひとりぶん、いるはずのない足跡が続いていた。

「あんた、憑かれやすいんだろうから、気をつけないと」

はい、ああ、なんかすみません、というか、ええと、あの足跡、いったい。

そどろもどろになりながら前を向いた。

誰もいなかった。

見渡してみたが、お婆さんが歩いてきた砂浜には足跡ひとつなかった。

「そっちも憑いてたのかよ、って呆気に取られちゃいましたよ」


そんな彼女が「あれ?」と思う出来事が、秋口に起こった。

「コロナ禍で、友人たちと会うこともままならなかったでしょ。だから、リモート呑みを盛んにしていた頃で。毎回メンバーを多少変えながら、いつも四、五人で雑談をするという楽しいものでした」

ある日のリモート呑み会の席上。仕事仲間でもある女性のひとりが、ふいに言った。

「ナツさん、さっきから気になっているんだけど、後ろに、オジイさん、いる?」

その日は「いないよ、そんな人。怖いこと言わないでよ」と笑顔で答えて終わった。

だが、それ以降何人かに同じ質問をされることが続き、さすがにナツさんも「これはなんだか、マズい気がする」と思うようになった。

ちょうど家の中でも、妙なことが起きていたからだ。

両親の位牌が置いてある仏壇のおりんが誰も触っていないのに急に鳴ったり、ドアが勝手に閉まるような音が聞こえたり、廊下を歩くと肩を叩かれたり——。

解決策が見出せないまま迎えた、年明け。

勘の鋭い昔からの友人が、ランチに誘った際に苦笑いしながら教えてくれた。

「一昨年、H町から連れて帰ってきてるもん、オジイさん」

いきなり夫の実家がある町の名前が飛び出して、ぎょっとした。

「ナッちゃんの右後ろにずっといるよ。わかってたんだけど、害がなさそうだから放っておいた。けれど、そろそろ〝気がついてくれ〟とアプローチ始めたのかもね。だって去年の夏はH町に行けなかったでしょ？」

確かに友人の言う通り、昨年はコロナの影響で帰省を断念した。

でも、それがなんで？

ナツさんが尋ねると、友人は笑いながら言った。

「ナッちゃんに憑いてここまで来ちゃったのね。それでも〝次の夏には帰れるから〟って安心していたら、いっこうに帰る様子がない。それでとうとう痺《しび》れを切らしちゃったみたいよ、そのオジイさん」

自分の後ろを指差す友人に、ナツさんは「そんなぁ」と溜め息をついた。

「勝手に憑いてきたくせに、戻れないから〝気づけよ〟って暴れられても……」

「ま、悪い霊じゃないから。でも今年の夏はH町に行かないと、障《さわ》りがエスカレートして困るかもね……コロナが収まってくれるのを祈るばかりだけど」


結局、その年の夏は「お義母さんの具合もあまり良くないから、会えるうちに会おう」と無理やりご主人を説得し、公共機関を使わず車で帰省することになった。

H町に入ってすぐ、ナツさんはご主人に「実家の前にあそこへ寄って」と頼みこんだ。

あそことは、町内にある神社である。

歴史こそ古いものの、それほど有名な場所ではなく、境内には人がほとんどいない。

その静けさがなんだか気に入って、ナツさんはH町に来るたびお参りをしていたのだ。

オジイさんを拾ってしまったのは、たぶんあの神社ではないか。そんな予感があった。運転席にご主人を残して「お参りして、すぐに戻るから」と外に出る。短い石段を早足で駆け上がり、鳥居をくぐろうとした。

その瞬間、視界の右側からぼんやりとした人影がずずると目の前に現れた。影はそのまま振り返りもせずナツさんの前を歩いていくと、三メートルほど先で消えた。

「即座に〝あのオジイさんだ〟と確信したんだけど、その足取りがスタスタと早くってね。そんなに帰りたかったのかと思いました。ここに来れなかったのは私のせいじゃないのに、振り返りもせず消えちゃうし——ちょっと納得いかないですよね」

「その後は憑かれていないんですか？」

私がそう訊くと、ナツさんは「わかんない」と答えた。

「憑かれやすい割に、なかなか気がつかないんですよね。いろいろあったあとに〝あ、今のはもしや〟とハッとするみたいな。だから、まだわかんないよね。もしかしたら、新しい何かがとっくに憑いているのかもしれないけど——」

気づいたら教えます、と約束はしている。

猫の文句

サワさんは、保護猫のシェルターを運営している友人から一頭のメスの成猫を託された。

アメリカンショートヘアのミックスで名前はメル、齢は五歳。

一人暮らしの高齢女性が子猫の頃にペットショップで購入、水入らずの状態で暮らしてきたのだが、女性は持病が悪化したために入院しなくてはならなくなった。

もはや戻って来られるかわからない。今後のことを考えると里親を探して欲しい。

そんなわけで、シェルターにヘルプを求めてきたのである。

保護されて一週間が経つ頃には、おとなしい人好きする猫だということもわかってきた。

とはいえ、問題がなかったわけではない。飼い主が人間の食べる物をあげていたらしく、肥満気味なうえ肝臓の数値も悪かったのだ。ダイエット食を皿に持っても「いまさらそんなモノ」とでも言わんばかりに、一切口にしない。おまけにすこぶる運動嫌いときている。

「健康面のケアを考えても、慣れない人が飼うには手がかかりそうだね」という話になり、長年、猫を飼っていたサワさんに白羽の矢が立ったのである。

ちょうど愛猫を老衰で亡くしていた彼女にとって、多少手がかかったとしても若い猫が新しい家族になるのは嬉しかったという。

サワさんはメルの肥満を解消するため、さまざまな手段を試みた。

まずは軽い運動に慣れさせるべく、ハーネスを付けて一緒に階段の上り下りをはじめた。食事も、ダイエットフードをグラム単位で測って提供するという徹底ぶりである。

当然メルはにゃあにゃあと不満を表明したが、サワさんは意に介さなかった。

とにかく痩せさせなければ。内臓の悪い数値を下げなければ。

メルにはこれから先も、健康で長生きしてもらうのだから。

引き取ってから一か月ほどが経った、ある夜のこと。

寝ようと居間の電気を消したサワさんの目に、妙なものが飛び込んできた。

何かが頭上で揺れている。

はじめ、彼女は「なんで部屋に凧があるの?」と思ったらしい。風を受けて空高く浮かぶ、あの凧が天井付近を飛んでいるように見えたのである。

いや、そんなはずはない。じゃあアレはなんだろう。

混乱しているうち、凧はふわふわと揺れながら闇に溶けるように消えた。

そして、その夜からメルの様子が変わった。

居間に置かれているキャットタワーの一番上にのぼって、急に激しく鳴いたり唸《うな》ったりするようになったのだ。

「メル?」とサワさんが声をかけると一旦はおとなしくなるのだが、しばらく経つと、また歯ぎしりに似た奇妙な唸り声を上げながら、じっと宙を睨むのである。

毎夜のことなので「何か体調に問題が起きているのかしら」と病院にも連れていったが、特に異常は見当たらなかった。

打つ手もないまま、彼女は夜な夜な暴れるメルをなだめるしか出来なかった。

十日ほど経った、ある朝。

シェルターの友人から〈メルの飼い主だった女性が病院で亡くなった〉とメールが来た。添付されていたのは、メルを抱っこしている上品な女性の写真だった。

女性の娘が、メルを引き取ってくれた感謝とともに「最後はシェルターに頼ってしまったけれど、母は本当にメルを可愛がっていたことも知ってほしい」と送ってきたのだ。

しばらく画像をしんみりと眺めていたサワさんだったが、

「あ！」

あることに気が付いて声を上げた。

メルと写っている女性は和服姿で――その柄は、あの夜に居間の天井で「凧だ」と思ったものと同じ模様をしていた。

そうか、あれは着物の袖だったのか。

亡くなった飼い主が、愛猫を心配して様子を見にきていたのか。

とすると、メルのあの様子は――。

「あれは、絶対に元の飼い主へ訴えていたんですよ。〝私はこんな目に遭っている、運動もきついし、ご飯も美味しくない。こんなひどい目に遭ってつらい、つらい〟って文句を言っていたんじゃないかな――」

まあ、それでも私は減量の手を緩めるつもりはありませんけど。

この出来事から半年。

現在、メルはダイエットに成功。肝臓の数値も正常に戻り、本来のすっきりとした体型の美猫になって、サワさんに大いに甘えているという。

飼い主はもう会いに来てはいないようだ。

何が隠されてた

地方都市にある、とある古いラブホテルでの話。

ある日の午後。遅い時間に入ったカップルの女性からフロントに内線があった。

一〇五号室、一階のいちばん奥に面した角部屋である。

「早くきて！　怖い！」

叫び声に、マネージャーのシミズさんはスタッフの女性とともに慌てて部屋に向かった。

その部屋は実のところ、誰もいない時に内線が鳴るとか、清掃に入った女性が人影を見るといった、ありがちな怪異がよく起こる部屋だった。常日頃からなんとも厭《いや》な雰囲気が漂っていて、シミズさんも「何かあるな」とは常々感じていたのだという。

合鍵でドアを少し開け、中に向かって声をかけた。

「よろしいですか？　入りますよ？」

女性から「こっち！」と声が上がる。ドアを開けた先は玄関になっていて、部屋へと続くもう一枚のドアを開けると、キングサイズのベッドが置かれたワンルームになっている。

女性はそのベッドに座り込んでおり、バスタオルを巻いたまま風呂場を指さしていた。風呂場の入り口前にある脱衣場では、年配の男性が下着一枚でペタリと座り込んでいる。

「どうしたんですか？」

シミズさんの問いにも、男性はぼんやりとした表情のままで何も答えない。様子を見たところ、急病や何かの発作ではないようなので、まずは女性に着替えを促し、少し落ち着いたところで状況を聞いた。

女性は風俗嬢で、男はなじみの客だという。

いつものように先にシャワーを浴びていたら、脱衣所でけたたましい嗤《わら》い声が起きた。

「なになになに？」

そう声をかけながら湯を止め、ドアを開けた。

男は狂ったように嗤っていた。水流が止んで静かになった浴室内に、声が反響する。

驚いて「なに笑ってんの！」と声を荒げたが、それでも男の嗤いは止まらない。

「だっておまえ、熱い、熱い、熱いよ、熱いよ！　ってずっと叫び続けてるんだもん」

男は身をよじって嗤いながら、そんなことを口走っている。

「――なに言ってるの？」

立ち尽くす女性の前で、男は突然、電池が切れたようにストンと落ちた。

女性は脱衣所のバスタオルを引ったくり、放心して座り込む男を跨いでベッドに逃げた。その後、いくら声をかけても動かない男を見て怖くなり、フロントに電話してきたのだった。

「救急車、呼びます？」

恐る恐るシミズさんが声をかけると、男が我に返ったように立ち上がった。

「あれ、えっと、いったい――」

シャワーを一緒に浴びようと向かったところで記憶が飛んだという。

客の二人には早々に帰ってもらい、スタッフを清掃に入れるとシミズさんはフロントへ戻った。すると一分も経たず、先ほどの一〇五号室から内線が入った。

「ちょっと来てください」

今度はスタッフからの電話である。

いったい今日はなんなんだ、そう思いながら客室に向かうと、待ち構えていたスタッフがシミズさんの姿をみとめるなり「ここです」と指をさした。

指し示したのは、備え付けになっている小さなワードローブの横あたり。

もともとそこには、何の目的で造られたのかわからない奇妙な出っ張りがあるのだが、その足元あたりに穴が開いている。

ちょうど爪先で小突ける位置、多分あの男性客が蹴破ったのだろうと思った。

だが、スタッフの怯え方は「客が備品を壊した」という類のものではない。なにをそんなに怖がっているのか不思議に思っていると、

「この中、なんか変なんですよ」

スタッフが震えながら言う。

わけがわからないまま、シミズさんはしゃがみこんで穴の中を覗き込んだ。

「なんだこれ」

真っ暗な空間の中に、埃《ほこり》を被った黒い小さな鳥居と御札がある。その手前には燃やされた骨片が、こんもりと盛られていた。

動物の骨なのか、それ以外のモノなのかはわからなかったという。

シミズさんはすぐさま社長である父親に連絡した。このホテルは祖父が起こした事業で、二代目社長を父親が継いでいたのである。

一〇五号室であったことを報告するなり、父親は青い顔をして飛んできた。

「その部屋はすぐに閉めて、今日は誰も入れるな」

父親はそのように指示すると、あとは何も教えてはくれなかった。

翌日、気になったシミズさんが一〇五号室を確認しに行ったところ、穴のあった箇所にはベニヤ板が打ち付けてあった。さらにその次の日には壁紙が張り替えられていた。

どうやら父親は業者を自分で手配し、マネージャーである自分にも内緒で施工したらしい。日頃から経理にうるさい父がそんな真似をするなんて、どうにも納得がいかなかった。

納得がいかないことは、他にもある。

部屋で放心していた男性は、どうしてわざわざあそこの壁を蹴破ったのか。穴の中にあるものを知るはずもないのに。彼はあそこで何を見たのか、何を聞いたのか。なぜあそこまでおかしくなってしまったのか。


「結局何もわからないんだけど――祖父の代からの何かを親父は知っていたんだと思う。あの出っ張り部分、構造にまったく関係ない施工なんだもん」

現在、このラブホテル経営含めた事業の社長を務めるシミズさんはそう考えている。

「直後に親父が急死して、俺が仕事を継いじゃったんだよね。親父のこともあるから――あの部屋は気味悪いんだけどね。でも、物置にするわけにもいかないからさ」

今もその部屋、普通に客が利用してるよ。

昭和レトロな面影を残したまま、彼の土地でホテルは営業している。

隠された何かは、壁の向こう側に残されたままだという。

家に来た人

リエさんが借りている月極の駐車場。

その向かいにある一軒家は、ここ二年ほど空き家になっていた。建ってから十二年あまり経っているはずだが、彼女が知る限り入居者は何度か入れ替わっている。

住人は一年と保たず、引っ越していくのだ。


リエさんは俗にいう〈視える〉人なので「当然だよな」と思っていた。

その家には、わけのわからないものが棲みついている。幽霊とか神様といったシンプルな存在ではない。「わけのわからない」としか形容できないモノだ。

間の抜けた大きな男の顔で二階の窓から道をのぞいていたり、真っ白な老人の姿をして一階のベランダに立っていたりする。気まぐれで姿が異なる。

視えない近所の人たちも、そこを密かに「呪われた家よね」と口にしているが、あながち間違ってはいないとリエさんは思っている。彼女いわく、土地が悪いのだという。

そんな矢先、件《くだん》の家に若い夫婦が越してきた。

リエさんは「今度も長くは保たないだろうな」と思っていたのだが──。


ある朝のこと。

リエさんは駐車場に停めた車中で、一緒に出かける友人を待っていたのだという。

運転席でスマホを眺めていると、真横にスライドカーが停まった。おもむろにドアが開き、車から降りてきた男女が仲良く並んで歩いていく。

ふたりが向かう先には、あの家があった。

「あ、引っ越してきた若夫婦か」

そう気付いた直後、リエさんは思わず「うわあ」と声をあげた。

ふたりの後ろを、あきらかにヒトでないモノがズラズラと列をなしている。夫婦が降りてきた車から湧いて出るように、全身ニキビのような突起に覆われた赤ん坊や、お互いの顔を齧りあっている双頭の老婆など、異様な姿の群れが延々と連なっていた。

なんだあれ。

あのふたり、いったいなにを憑けているんだ？　どれだけ憑けているんだ？

リエさんが呆けているうち、ふたりは玄関を開けると家の中へ入っていった。背後に続くモノたちも、閉じたドアをすり抜けるように室内へ消えていく。果てしない列を見ていると、友人がフロントガラスをコンコンと叩き、ようやくその音でリエさんは我に返った。

「あの家、確かに〈何か〉が棲んでいるんだけど、あれだけ憑いた人が越してきたら、その〈何か〉もたまったもんじゃないと思うのよね。もしかしたら、今度の人たちは大丈夫かもしれない。相殺して、引き算みたいに消えちゃうかもね――」


その後しばらく経って、リエさんから連絡があった。

若い夫婦は今も例の家に暮らしており、最近は赤ちゃんを連れて歩いているという。

あの家は相変わらず妙な感じはするけれど、前と違って――前よりよくない感じがする、とはリエさんの弁。

引き算ではなく、掛け算になってしまったらしい。

一連の出来事

東北在住のFさんから聞いた話。

彼は、防犯システムをビルやマンションなどに導入する会社を経営している。

ある夜のこと。寝付けずにいたFさんは寝室へ家人を見送ったあとも、居間で寝酒がわりの一杯を飲んでいた。いつもなら眠気に襲われてもおかしくない時間なのだが、どうにも眠気がやってこない。

とはいえ明日も会社である。いつまでもこうしてはいられない。

「これを飲んだら寝よう」と決めて二杯目を空けようとした時、壁に設置されているインターフォンのモニターが明るく瞬いた。

モニターには、玄関から見た外の風景が映っている。家の前は県道だが、田舎町のことだから人など歩いてはいない。この時間は車もほとんど通らない。

なんにせよ誤作動だろう。そう思い、モニターを消すスイッチに指をかける。

ボタンを押す寸前、家の門の向こうを横切る人影が画面に映った。

影は画面の左側ギリギリの見切れないところまで歩くと、クルリと身をひるがえし、今度は右の画面ギリギリのところまで戻る。そして、またもや見切れる寸前に向きを変えると、左画面ギリギリへ歩いていく。

テレビ中継に映ろうとしているような動きで、往復しているのである。

「なにやってんだコイツ？　人の家の前で――」

画面を右に左に移動する人影を見ながら憤《いきどお》っていたFさんは、ふいに気が付いた。

自宅のモニターは、インターフォンが押されると同時に作動する仕組みのはずだ。じゃあ、どうしてインターフォンが鳴らないのか。そう思った直後、
ピンポーン！

突然、インターフォンが鳴った。

「うわうわうわっ！」

Fさんは思わず飛びのいた。

モニターには、門から身体を乗り出した真っ黒の影が覗き込むように画面いっぱいに映り——ぷつりと消えた。

慌てて玄関に走るとドアを開けたが、そこには誰もいなかった。


その翌日。

Fさんは取引先からの帰り道、運転する車の中で地震に遭遇した。

これまで経験したことがないほどの揺れである。急いで家に戻ろうとしたものの、逃げる車で道は渋滞し動くことができない。

ようやく交差点に差し掛かると、前列の車たちは海沿いへ抜けようと、右の道路へどんどん曲がっていく。Fさんも続こうとした直後、前にいたタクシーだけがふいに左折した。動転していたのか、Fさんも釣られるように左へとハンドルを切った。

目の前のタクシーは猛スピードで山の中に入って行く。

こんな道、初めて来たぞ、大丈夫か。不安に思いながらも、Fさんはタクシーに置いていかれまいとして、必死にテールランプを追いかけた。

五分ほど走ったところで、ふと、なんでこんなところに来たんだろうと我に返った。

家に戻るには、あそこで右折するのが近道なのに。

バックミラーを見て、この道を来たのは自分とあのタクシーだけかと思いながら、前方に視線を戻す。

「あれ？」

さっきまで前にいたはずのタクシーが、どこにもいない。

愕然としながら車を停めると、外に出た。周りを見渡せば、そこは車が一台通れるかどうかという細い山道だった。自身の車も木の枝に擦《こす》られ、傷だらけになっている。

先に続く道はさらに藪《やぶ》だらけの獣道、どう頑張っても車で進むのは無理な悪路だった。

では、あのタクシーはどこに行ってしまったのか。

家に帰るつもりが、なんで自分は山に来ているのか。

「でも、おかげで助かったことが、その後にわかったんだよ。交差点で右に曲がった車は、津波で全滅したみたいだから」

ようやく生活が落ち着いた頃、Fさんは、そのタクシー会社に連絡を入れた。

あのタクシーの運転手に、命を救ってくれたお礼をしたいと思ったのだという。

連絡の理由を話し、おぼろげに憶えていたナンバーを伝える。自分の車も傷だらけなのだから、あのタクシーもボロボロになっていると思う、と言い添えた。

ずいぶん待たされたあと、責任者らしき男性が電話を代わるなり「そのナンバーの車はうちにはいませんね」と言われた。

「確かに、そのタクシー会社の車体の色だったし、間違いなく番号も記憶しておいたはずなんだけど——」

結局、件のタクシーの正体はわからなかった。

「この二つの話、どう繋がるのかわからないだろ」

そう言いながらFさんは、地震前日の夜中にインターフォンに映った人影について話してくれた。

実はその昔、会社が大変だった時期にFさんをずいぶんと助けてくれた年配の男性従業員がいたのだという。その従業員は、取り付けた防犯システムの調整確認を担当していたのである。

「その人ね、ちょうどモニターに映っていたような動きで作業をしていたんだよ」

その男性は定年後にタクシー業界へ転職し、数年後に病気で亡くなっている。

「だからね、あの人に今回も助けられたのかもしれない。〝頑張れよ〟と言われた、そんな気がしてならないんだ」

Fさんは会社を再建し、今も頑張っている。

最後の言葉

高校一年生のケイさんには、同級生の仲良しが三人いた。四人でコミュニケーションアプリ内にグループを作り、家に帰ってからもおしゃべりをするのが常だった。

春休みを目前に控えたある夜のこと。

いつものようにスマホを片手に、ベッドの上で他の三人とやり取りをしていた。

他愛もないことを話題に、それぞれ気に入っているスタンプやどこかで拾ってきたネコやイヌの「カワイイ」画像などを送り合うのだ。

〈ぬーおおおおおお〉

突然、Yから書き込みがあった。

〈なにがあった？（笑）〉

〈どうしたの？　なにかすごいことでもあった？〉

〈キモっ!　あははー〉

ケイさんとともに、他の二人も一斉に書き込みをする。なんの冗談が始まったのかと思い、茶化しているのだ。

〈ぬーおおおおおお〉

再びYから意味不明な書き込みが送られてくる。

〈ぬーおおおおおお〉

ちょっとしつこいな、Yったら。

三度目に送られてきたのを見て、こんな夜中に付き合いきれないなとケイさんは思った。

〈じゃ明日学校で。もう寝る〉

そう書いて、ひと足先にスマホを閉じた。


次の日、学校にYは来ていなかった。

昨夜の変な書き込みも気になって、〈どうしたの~?〉〈風邪ひいた?〉などとYにメールを送ってみた。しかし返事はいっこうにない。

「放課後に家に寄ってみる？」とグループ三人で話をしていたら、帰りのショートホームルームで、悲痛な顔をした担任から「Yが亡くなった」と知らされた。

死因は不明だった。今朝方、Yが布団の中で冷たくなっているのを、起こしに来た母親が見つけたのだという。

遺体は不審死ということで検視に回され、葬儀は少し先になるとの話だった。

その夜、ケイさんの夢の中にYが出てきた。

「ノートを探して欲しい」

Yは困り顔でそう言っている。

翌日、友人たちに夢の話を告げ、Yのいうノートに覚えがあるかどうかを聞いたが、誰も心当たりはないとの答えだった。

だが、それからもYは何度となく夢に出てきては「ノートを探して」と訴えてくる。

ようやく行われた葬儀のあと、ケイさんは二人と共に思い切ってYの自宅を訪れた。

やつれきったYの母親に、「交換日記をしていたので、そのノートを想い出に欲しい」と嘘を言い、Yの部屋を探すことを了承してもらった。

三人で部屋の中を探しているうちに、これだというノートを見つけ出した。

そのノートには、かねてからYが「好きだ」と言っていたクラスの男子への想いが切々と綴られていた。

「親には見られたくなかったのかな」

ちょっぴりしんみりしてからケイさんはそれをカバンにしまって、三人でYの母親が待つ居間へと向かった。

菓子と紅茶をご馳走になりながら、Yの思い出を語って聞かせる。

「実は、亡くなる前夜に――」

Yが三人とやり取りをしていた事実を話すなり、母親はYのスマホをケイさんに渡し、「娘の最後の言葉を見たいけど、自分はアプリの使い方などわからない。よかったら開いてもらえないか」と、潤んだ目で、そのように頼んできた。

くだらない話しかやり取りしてないから、期待している言葉なんてないぞ――。

困ったものの、最後にYから送られてきた変な書き込みは自分も気になっていた。母親からスマホを受け取り、ケイさんはアプリを開いた。

ついこの間のやり取りを懐かしく遡るうち、「あれ?」と思わず声が出た。

「どうした？」他の二人も画面を覗き込む。

「Yのあの書き込みって、夜中の十二時あたりだったよね？」

ケイさんは自分のスマホを取り出し、Yが亡くなる前夜のやり取りを確認してみた。

他の二人も同様に自分のスマホを指でなぞっている。

「Yの携帯では、あの書き込みをしたのって――朝の四時になってる」

「え？　それは変だよ。だってみんなでYに〝どうした？〟って返事してたじゃん」

三人のスマホでは、Yから奇妙な書き込みが来たのは深夜十二時過ぎ。

しかし、彼女が書き込んだ時間は明け方の四時。

発信した時間と、他の三人が受け取った時間が大きくズレている。

「あの子が亡くなったのは明け方、ちょうどその頃だったようなの」

突然、Yの母親が泣き崩れた。


「あのうめき声みたいな書き込みが、彼女の死ぬ間際の言葉だったとすれば――なぜそれより四時間も早い時間に送られてきたんでしょう？　その後に夢に出てきたのといい、何もかもわけがわからなかったな」

ケイさんは思い起こすように呟く。

ノートに関しては、相手の男の子に渡したのだという。ちょっぴり迷惑そうな顔をされたので、その後ノートをどうしたかは彼に聞いていないそうだ。

怒りの矛先

関東地方に住むご家族から聞いた話。

きっかけは、ある夜の出来事だった。

その家の小学四年生になる娘さんがいきなりパニックを起こし、何度呼びかけても泣き止まなくなってしまったのだという。

娘のただならぬ様子に驚いた親がよくよく子供の話を聞くと、娘のクラスメートたちが入っているコミュニティサイトに投稿された一枚の写真が、どうやらパニックの原因らしいとわかった。

娘の携帯電話に表示されていたのは、男児の裸の下半身が写っている画像だった。それだけでも親としてはショックだが、さらに驚いたのは彼の下半身へ重なるように〈女の顔〉が画面いっぱいに写っていることだった。

女は吊りあがった眼でこちらを睨みつけている。

怒り猛っているのが、ひと目でわかった。

やっと泣き止んだ娘によれば、この画像はクラスのいじめグループが、O君という男児を撮った写真なのだというではないか。

「――合成じゃないの？」

女児の両親はそのように考えた。いじめが娘のクラスで起こっているのも問題だが、こんな気味の悪い写真をわざわざ加工して送るなんて、悪ふざけにもほどがある。

娘を寝かしつけた両親は話し合い、クラスの担任に相談しようと決めた。

翌日、両親が学校へ赴くと予想外の事態が起きていた。

他にも「我が子がパニックを起こした」との連絡が何件も入っていたのである。

対応に追われる担任を前に驚いていた矢先、新たな事件が起こる。

「先生、大変です！」

数人の児童が職員室に飛び込んできた。一人の男児が叫び声を上げたかと思うと、その場で卒倒したというのである。これはのちに知れたことだが、倒れた男児はいじめグループの一員で、あの写真を撮影した張本人だった。

「ごめんなさい、ごめんなさいい」

男児は床に這いつくばりながら、虚空に向かってひたすら謝罪を繰り返していたが、担任が教室に駆け込んできた直後に四肢を引き攣《つ》らせると泡を吹き、白目を剥《む》いた。

担任の事情聴取によって、いじめの大まかな全貌が明らかになった。

おとなしくて小柄だったO君は、普段からターゲットにされていたのだという。五人ほどの男児グループによる悪ふざけからはじまった行為は、徐々にエスカレートしていったらしい。

そしてその日の昼休み、いじめグループに囲まれ男子トイレに連れて行かれたO君は、ズボンを脱がされたあげく下半身の写真を携帯で撮られた。画像は、クラスメートたちがメンバーになっているコミュニティサイトに投稿され、その翌日からO君は学校に来なくなっていたのである。

いじめの経緯を説明し終えた担任は、続けて「画像を調べてみたが、加工の痕跡は見つけられなかったこと」「そもそも主犯の児童は画像を細工するスキルなど持っていないこと」を女児の両親に告げた。

父も母も背筋が寒くなった。担任の話が真実なのだとすれば、あの不気味な画像は〈生霊〉が写った本物の心霊写真ということになる。そして〈生霊〉の正体はO君の母親と考えて間違いないだろう。

子供を想う親の気持ちというのは、これほどまでに強烈なのだ。

むろん、それで終わって良い話ではない。学校からは「数日後に保護者と教職員を集めての説明会をおこないます」との知らせがあった。

説明会当日、現れたO君の母親は、自分の息子が学校に行きたがらない理由とその写真を見て、大きなショックを受けていた。

けれども女児の両親はじめ、他の保護者や教師は別な事実に驚愕していた。

写真に写っていた怒り猛う女と、O君の母親は顔がまるで違ったのだ。

てっきり母の怒りが浮かび上がったと思っていたのに、そうではなかったのだ。

学校側の説明と陳謝が終わり、沈黙が場内を包む。すると、

「あの恐ろしい顔をした女は誰なんでしょうね――」

疑問と恐怖を抱えきれなくなったひとりの保護者が、ぽつりと漏らした。

教室が、さらに重い沈黙に包まれる。

「あれは――母親です」

消え入りそうな声で、O君の母親が口を開いた。

「私はOの小さな頃に再婚した後妻なので――写っていた女性の顔、既に亡くなっているOの本当の母親にそっくりなんです。だから」

あの怒りの顔は、我が子を守れなかった私に向けられたものなんです。

O君の母親はギリリと歯を軋ませると、顔を伏せたまま教室をあとにした。


その後にO君一家が、そして倒れた男児がどうなったのかは「秘密にして欲しい」とのことなので、これ以上は書けない。

墓守の山

いずれは愛犬サリーと田舎暮らしをしたい――。

兼ねてよりそう思っていたジュンさんは、以前からお気に入りだったとある地方に、家を買ってしまおうか悩んでいた。

その土地に住む親戚に相談したところ「自分たちが住む地域より山に入ったあたりだが、売りたいという人がいるらしい」と連絡があった。早速ジュンさんは、物件を見せてもらう約束を取り付け、サリーと旅行がてら車で向かうことにした。

町中から車で三十分。まさしく山へ分け入った先に、その家と土地はあった。

旅館が営めそうなほど大きな日本家屋が、森を背に建っている。その立派さに圧倒されながら草むらに車を停めるなり、家の方向から中年の女性が歩いてきた。

上品な雰囲気の女性は一礼するなり、さっそく口を開いた。

「ここは実家なんですけど、一人で住んでいた父が最近亡くなってしまいまして。他の集落へ嫁いだ自分では管理もできないし、畑にも手を掛けられないでしょう。なのでタダでもいいから手放したいんですよ」

聞けば、売りたい敷地は目の前の母屋一棟と、普通の家ほどもある納屋がふたつ。加えて田圃が四反に裏山まであるというではないか。予想以上の広大さに呆然としているジュンさん、ふと玄関先で揺れている灯籠を目に留めた。

「ああ、それはね」と女性が説明を始める。わりとおしゃべり好きな性格らしい。

「この地方では葬式が出ると、四十九日間は亡くなった人の戒名と灯籠を灯す習慣があるんです。この灯籠は、死者の供養なんですよ」

なるほど——つまり、それがいまだに掲げられているということは、彼女の実父が亡くなって間もないのか。ずいぶんと急いでいるんだな。まあ、税金だってかかるし、早くなんとかしたい気持ちもわかるよな。

自問自答しつつ母屋を眺めているうち「今夜、ここに犬と一緒に泊まろうかな」と、ジュンさんは思い立った。

ペット可のホテルは少ないので、今夜はサリーと車中泊するつもりだった。だが、敷地内に泊まらせてもらえば土地の雰囲気もわかるし、なにより床に身体を伸ばして眠ることができる。不躾を承知で宿泊をお願いすると、女性は快く承諾してくれた。気に入れば土地を早く買い上げてもらえる、そんな下心もあったのかもしれない。

「父が亡くなってからなんの整理もしていませんが、部屋はいくらでもあるし、電気もまだ通っています。犬だって、ここならどれだけ吠えても大丈夫ですよ」

そんなわけで、その夜は台所の片隅を借りることにした。台所といっても二十畳はある立派なもので、下手なビジネスホテルより快適に思えた。

「じゃあ私はそろそろ帰宅します。明朝お電話さしあげるので、ご購入いただけるかどうか、その時にでもお返事をください」

そう告げて立ち去る女性を見送ってから、ジュンさんは泊まり支度を始めた。

台所の板間にLEDランタンやコッヘルなど野営の道具を並べ、巻いていた寝袋を広げる。電気は使えるとの話だったが、なにせ古い家屋である。万が一、漏電でも起こして火事になっては大変だと配慮した。

そうだよな。前から破損していた箇所を明日になって「家のあそこが壊れていた」なんて、難癖をつけられないとも限らないよな。

不安に駆られた彼は、念のために他の部屋も確認しておくことにした。

台所の横にある板戸を開けると、隣は大きな仏間になっていた。どうやら持ち主の老人は、この部屋で最期まで寝起きしていたらしい。生活の品々が無造作に置かれており、仏壇の扉も開いたままになっている。

どの部屋も同じような惨状なのだろうか。だとしたら「壊した云々」と言われることもあるまい。探索を中止したジュンさんは夕食を食べるとさっそく寝袋を敷いて、サリーと並んで横になった。

長いドライブの疲れもあってか、すぐさま眠りに落ちる。

夜中、妙な圧迫感で目が覚めた。愛犬の重みで覚醒したのかと思ったが、サリーはジュンさんの腹に身をすり寄せ、静かに寝ている。

じゃあ、この重苦しさは。不思議に思いながらぼんやり周囲を見渡す。

台所の隅、真っ暗な空間に老人が立っていた。

げっそりとやつれた浴衣姿の老人が、すさまじい形相でこっちを睨みつけている。

驚いて一気に目が覚めた。あまりにも予想外のことで声も出せない。

老人はジュンさんから視線を逸らさぬまま「来い」とばかりに外へと歩き出した。そのまなざしには憎悪や怨みとは違う感情、強いて言えば何かを訴えるものがあった。

その正体が知りたくて、ジュンさんは身を起こした。「サリーもいるから大丈夫」と自分に言い聞かせ、犬を起こすと外出を促した。


玄関を出た先、裏山へ続く道に見える老人の背中を追って歩く。

外灯の類など皆無、自分の手も見えない暗さだというのに目の前を歩く老人だけはハッキリ見えた。それがなんとも不思議だったが、今さら逃げることはできなかった。

老人はつかず離れずの距離を歩きながら、振り返ってはジュンさんを確認している。

砂利を踏みしめながら歩くうち、おやっ、と気が付いた。

足音が多い。老人と自分、そしてサリー以外の足音が複数、暗闇に響いている。

ふと見た老人の背中、その前に別の人間の背中が二重写しになっていた。さらに、その背中の手前にも別な背中がある。その前にも、そのまた前にも背中が見え——。

異様に長いムカデ競走のように、人が延々と連なっている。

ふと、自分の背後がどうなっているのか気になったが、振り向けなかった。後ろに誰かいるのだとしたら、まともに顔を合わせてしまう。それはさすがに嫌だった。

十五分近く経ったあたりで、老人が歩みを止めた。

周囲には相変わらず大勢の気配が渦巻いており、じわじわとジュンさんに近づいているように思えた。輪になり距離を詰めている、そんな感覚があった。

このまま真っ暗闇でなにかされては抵抗もできない。

ひとまず状況を把握しようと、彼はポケットに入れていた携帯電話を取り出して、画面の照明であたりを確認した。

人は誰もいなかった。

周りを囲んでいるのは、崩れた墓石の群れだった。

彼とサリーは、山中の荒れた墓地に佇んでいたのである。

漂う圧迫感がさらに強くなる。空気で押されるようにして、ジュンさんは一番近くに立つ墓石の前に座り込んだ。

無意識に手を合わせて目を瞑《つむ》った、次の瞬間――。

「オォォォォオン」

普段はワンとも鳴かないサリーの遠吠えで、我に返る。

愛犬は警告している。そのまま拝んだら「ここに住みます」という誓いになるぞ。死ぬまでこの墓の、家の、山の守り人になるぞ。それが、あの女の本当の目的だぞ。

遠吠えの意味を理解した瞬間、恐怖がいきなり押し寄せてきた。

ジュンさんはリードを強く握りしめたまま、山を一気に駆け下りた。家屋に飛び込むと寝袋とランタンを抱えて車に飛び乗り、一目散にその場から離れた。


翌朝、ジュンさんは女性に電話して「購入は見送る旨」を伝えた。

「残念です」と言ったきり、女性が黙りこくる。

気まずい空気に耐えきれず、彼はなるべくさりげない調子で訊ねてみた。

「裏山のお墓、どうするんですか？」

電話の向こうで女性が息を呑んだ。長い沈黙のあとで舌打ちが聞こえ、

「やっぱり――あれのおかげでなにもかも」

いきなり電話が切られた。

人の最期

「そのベッドを使った患者は、おんなじように亡くなるのよ。どうしてだかわかる?」

看護師のユウさんはそう話し出した。

彼女は都内の大きな病院に勤めている。

聞けば、外科病棟の四人部屋にあるベッドなのだという。どのようなベッドでも、過去を遡れば誰かしら亡くなっているのではないかと思うのだが、ユウさんによるとそのベッドだけは〈特別〉なのだそうだ。

このベッドに寝た入院患者は、朝に亡くなっているところを発見されることが多い。亡くなった原因は睡眠中の心臓発作。みな、すぐ亡くなるような容態でもない。

「いちばんの問題は、そういう亡くなり方をすることで、本人が〝自分は死んだ〟と理解していないことなのよ」

寝ているうちに亡くなってしまうから、本人は眠り続けているつもりなのだという。ナースコールを押す暇もなかったのだ。

だから、ずっとそのベッドに横たわり続けているのだとユウさんは言う。

新たな入院患者がそのベッドに寝るが、前の患者の思いがそのまま残っているから、重なって寝てしまう。そのため、タイミングが悪い患者や、波長が合ってしまった患者は引っ張られてしまうのだという。

そして引っ張られた人も寝たまま死ぬことで、死んだことに気が付かない。

やがてベッドの上には幾層にも、亡くなった人が横たわり積み上がるのである。

ある日、胆石症で入院してきた男性がいた。

いったん薬で散らしたものの、やはり手術をしようということになった。奥さんと五歳ほどの娘が見舞いに来て、男性はベッドに腰かけて話をしていた。

痛みもないのでにこやかに話をする父親を、娘は妙な顔をしながら見上げては手を差し伸べ、声を上げる。

「重いでしょ！　重いでしょ！」

男性も母親も娘が何をむずがっているのかがわからず、相部屋の患者たちに「すみません」と謝っている。しまいには、廊下に連れ出そうとする母親の手にすがりつき、「パパに乗らないで！」と叫ぶと、大きな声で泣き出した。

廊下にいたユウさんはナースセンターに戻ると他のナースたちと確認しあい、急ぎ、この男性を隣の病室の空きベッドへ移動することにした。

「たまに、患者さんの関係者や患者さん本人が違和感を覚えるケースがあるの。そういう時は〝空きベッドがあれば、理由をつけて変わってもらう〟というマニュアルがあるのよ。本人が何かに気が付いているのに、あのベッドで亡くなられたりしたら、こちらも目覚めが悪いでしょ？」

そんなベッドは破棄するなり、お祓いなりすればよいのかもしれないのだけれど、それもなかなかね——。

看護師は忙しいのだそうだ。

◆　◆　◆

郊外の介護施設に勤める元看護師のTさんは、同僚が〈視える人〉なのだそうだ。その同僚、Iさんは「どの入居者がいつ亡くなるのか」を正確に当てるのだという。Tさんもそのような噂を聞いてはいたので、夜勤でIさんと一緒になった時「ねえ、今は誰が危ないの？」と思い切って訊ねてみた。

「そうね——六号室の○○さんが、そろそろ危ないかもしれないわ」

○○さんは血色のいい七十五歳の男性だ。まだまだそんな予感すら感じられない。

「まさか」と思わず声を漏らしたTさんに、Iさんが言う。

「ご本人の色が薄くなっていくの」

色味がだんだんと無くなって、その人自身がモノクロに見えるようになるらしい。入所している部屋自体モノクロに見えるようになると、「あと一日は保たない」という合図なのだそうだ。

この施設では、部屋の壁紙が二十センチ幅のベージュが濃淡のストライプになっている。つまりは同系色の縞模様なのである。それがモノトーンになった時には——。

「まさしく、お葬式の鯨幕に見えるの。カジュアルな部屋の内装にしたつもりなのに、皮肉よね」

果たしてIさんの〈予告〉したとおり、○○さんは翌々日に急死したという。

IさんとTさんは今も一緒に勤務している。

今のところ、同僚の〈予告〉は外れたためしがないそうである。

少年の霊の話

その昔、宗教弾圧で多くの人間が殺された——そのような場所は全国各地に残っている。カネコさんの実家がある島にも、そういった謂れの残る場所が存在した。

今は「公園」と名付けられてはいるものの、歴史を知る地元民は「気味が悪い」と誰一人近づこうとせず、いわゆる忌み場になっている。

その公園へ行くためには、国道から脇に入り鬱蒼とした道を上がっていくのだが、ちょうど分かれ道にあたる場所では二十年ほど前、ひとりの男子中学生がひき逃げに遭い、死亡している。のちに犯人は捕まったが、いつの頃からか夜にそこを通る人の間で「公園へ続く脇道を上がって行く少年」が目撃されるようになった。

「無念だったんだねえ」

はじめこそ地元の人たちが花を添えたりしていたものの、いつしか事件を知る人も少なくなり、お供えをする者もいなくなった。

それでも少年の目撃談だけは絶えることなく、出る場所として知られていたという。


最近、不思議な噂が流れている。

例の少年の容姿が年々育っているように見える、というのである。

たまたま夜中にその道を車で通りかかり、少年を目撃してしまった人は、

「あれはもはや少年じゃなく、中年の男性だった」

周囲にそう触れ回った。

その発言に触発されたのか、同様の証言をする人が他にも多数出てきた。

土地自体がすでに薄気味悪いというのに、さらに今も進行形の話があるなんて、と地元の人は顔をしかめる。

「少年だったモノ」を見てしまった人は、今も増え続けているそうだ。

悲しみこらえて

サプリメントの輸入販売会社に勤めている、ヤエコさんの話。

彼女が勤務する会社の社長は、三十代前半の女性である。細やかなサービスと商品の質が認められ、五名ほどの社員の規模ながら順調に業績を伸ばしている。ヤエコさんは経理関係の事務をこなしていた。

ある午後のこと。営業で出払って空になった事務所で留守番をしながら仕事をしていると、ふと視線を感じた。顔を上げて見回すと、台所のスペースを仕切る衝立の陰に社長が立っていて、こちらを凝視している。

「社長？　どうしてここに？　いついらしてたんですか？」

ホワイトボードの社長のところには「急用で全休」とあったので、びっくりして手を止め、声をかけた。

しかし当の社長は何も言わず、その場所から動こうとしない。

「どうかしましたか？」

席を立とうとヤエコさんが視線を外したその一瞬に、社長の姿は跡形もなく消えた。

「はあ？」

予想だにしない光景に身体が固まる。

同時に「社長に何かあったのでは」との嫌な予感が頭をよぎった。

とはいっても、社長の携帯電話へ直接連絡するのは気が引けた。そこで彼女は会社でいちばんの古株、フルヤさんの携帯に「変なことを申し上げますが――」と前置きして、今しがた起きた出来事を説明した。

フルヤさんは「ああ」と声を漏らして言った。

「――死んだからね」

独身である社長は猫好きが高じて、自宅に多くの野良猫を引き取っては甲斐甲斐しく世話をしているのだという。現在は八頭ほどの猫がいて、良質のエサに新鮮な天然水、清潔で温度調整された室内で自由気ままに生活している。出張の時は馴染みのペットシッターが代わりに世話をするという手厚さなのだという。

それだけの愛情を注がれている猫たちだが、やはり寿命には抗えない。

「いつも仕事優先で、休日も出社している社長だけど、猫が死んだ時だけは落ち込んじゃって駄目なんだよ。その日は〝一緒にいてあげたい〟と会社に来ないんだけど——」

そうは言っても仕事人間であるから、業務は気になる。

身体こそ猫を弔う場にいるものの、気持ちだけは会社に来てしまうのだろう、とフルヤさんは言った。

なにより本人が、来ていることに気付いてないみたいだから——。

「あなたも気にしないで。でも、ここのところ老猫ばかりになったたって洩らしてたから、しばらく続くかもしれないなあ」

その言葉は正しかった。

ヤエコさんはそれから二度、「急用で全休」の日に会社にいる社長を見たという。

天の声

当時、ワカさんが付き合っていた男性は既婚者だった。

しかし彼は「妻との仲はとっくに破綻しており、離婚は秒読み状態」なのだと言う。

その言葉を信じ、ワカさんもじっと耐え忍んでいたのだが、いつまで待ってもなかなか事態は進展しない。嘘をつくような人ではないとは思っていたけれど、これだけ長々と焦らされては、なかなか離婚できない理由も容易には信じられなくなってくる。

ある時、仕事のストレスも重なって「いったいどうするの」と彼に詰め寄ったあげく言い合いになった。「あと少しだから」という彼の弁解も言い訳にしか聞こえない。すっかりうんざりした彼女は、別れを本気で考え始めていたという。


その夜のこと。ぐっすり寝ていたワカさんは、男の声で目を覚ます。

「――わかれるよ」

声は確かにそう言った。天から降ってくるような距離感の声だった。

むむ、これはお告げか。もしや、彼と別れたほうがいいというメッセージなのか。

そう考えたワカさん、いよいよ「彼に別れ話をしよう」と覚悟を決めた。

ところが翌日、連絡しようと電話を握った瞬間、当の彼から着信があった。

「ようやく離婚が成立した」と言うのである。

おかげで、あれよあれよという間に結婚の話が具体的に進み、ワカさんは彼の父親に会うため、一緒に実家へと向かうことになった。


彼の母親はすでに他界しており、実家には父親が一人で住んでいる。

緊張しながらいざ顔を合わせると、なぜだか初めて会った気がしなかった。

初めて訪れた県である。親戚や知人など一人もおらず、訛りにも馴染みはない。

どうしてだろうと不思議な感覚に目を丸くしているワカさんに、彼の父親が茶目っ気たっぷりに告げた。

「だから、あの夜に言ったでしょう」

その言葉を耳にした瞬間、あの夜に聞いた天の声そっくりだと気がついた。
なるほど、「わかれるよ」とは彼の状況を教えてくれていたのか。
この人が父親になるなら、上手くいくに違いない。

その確信通り、義理の父親となった今も大の仲良しだという。
あの夜聞いた声のことは、ワカさんと義父ふたりだけの秘密である。

悪意

「去年、事故で急逝した夫の部屋はそのままにしているんです。子供が大きくなった時に〝お父さん〟の存在が少しでも伝わるようにと――」

まだ四歳の娘に父親の死はわからない。

いつパパは帰ってくるの？　と何度も何度も訊かれるのが本当につらかったという。

「ところが最近、夫の部屋で夫が立てる生活音がするんです」

多趣味だった夫が、お気に入りのモノに囲まれて生前に過ごしていた場所である。

そんな大好きだった場所に、幼い我が子と自分を心配して、見守りにあの世から来てくれているのではないか。そんな風に思えて、誰もいない部屋で誰かがいるような音がすることを怖いとはまったく思わなかった。

「むしろ安心するぐらい。娘にも聞こえているようで〝パパだね〟と喜ぶんです。ちょっと癖のある足音や椅子の軋む音、洋服ダンスが開閉する音のタイミング、すべて夫の立てる音そのものだったから――」


ある夜。部屋のドアが少し開いていた。

いつもきちんと閉めているはずなのに、おかしいな――そう思った瞬間に、こちらを覗き見ている夫の顔が見えた。

「とうとう顔を見せてくれた！　そう思って喜んだんです。でも、ふと」

何かが違う、と頭の中で警戒音が鳴った。

「あんた誰？」

無意識のうちにそんな言葉が口をついて出た。途端に、ドアの隙間に見えていた夫は大きくニヤリと口を歪め、黒い影になって消えたのだという。

「あ、これは夫じゃない、夫の顔をした別のものだ。〝私たちを見守りにきた〟なんて、とんでもない嘘だ」

悲しみより凄まじい怒りが爆発し、手近にあった物を手当たり次第、ドアに向かって投げつけた。

「結局、それ以来、夫が立てるような生活音は一切しなくなってしまいました。でも、それでよかったんです。寂しいけれど、夫はすでに天国に行っている。そう思わないとアレを許せないんです。あの部屋から覗いていた、悪意に満ちたアレが夫の顔をしていることが絶対に許せないんです。ほら——」

そう言ってこちらへ差し出した彼女の両腕には、びっしりと鳥肌が浮いていた。思い出すたび、必ず言いようのない感情でこうなるのだという。

「もうしばらく、夫の部屋はそのままにしておくつもりですけど、時期がきたら処分を考えます。あんなモノにこれ以上好きにはさせません」

そう言う彼女の鳥肌は、まだ治まらない。

視える人と視えない人

マミさんは視える人だ。

しかし、視えるのは生霊に限られる。

その能力が発揮されるのは、どういうわけか呑み会など華やかな場所なのだという。

「リラックスした場というのが良いようだ」とは本人の弁、しかし彼女は下戸である。

先日、彼女は合コンでちょっと気になる男を目に留めた。ほどよく参加者全員酔いが回ってきて、場がいい感じに和んだ頃、ふと彼の背後に意識を集中させてみた。

快活に談笑する男の背後に、たくさんの巨大な黒点が視える。

途端、吐き気を催してトイレに駆け込んだ。その黒点はすべて「女性の目玉」であり、悪意のこもった視線をマミさんへいっせいに向けたのだという。

「あの男は手広く女性を喰ってますね。おまけに、その女性たちはそれを知っていて、みんな裏で結託してますよ。逆に喰い殺すために」

知らぬは彼ばかり。生きてるモノのほうがおっかないですよ。

近いうちに、かなり痛い目に遭わされるんじゃないかな、とのこと。

◆　◆　◆

いっぽうのミキさんは視えない人である。

因縁のあるものや霊的にヤバそうなものが目の前にあっても、認知できないという。

聡明かつ快活な女性で、仕事もバリバリできるのだが、仲間内では天然キャラで少々ボケた子と認識されている。なぜなら「何度も会っているはずなのに、どうしても顔がわからない人」が今まで何人もいたために、仲間の前で恥をかいてしまうらしい。

どういうことかというと――。

「その人は〝そこにいるでしょ〟ってみんな言うけど、私には視えないんですもん」

〈視えない人〉たちのその後を噂で聞くと、全員が事故で亡くなっていたり身を持ち崩していたりと不幸な結末を迎えている。なかには自殺した人や、行方不明になった人も珍しくないのだという。

彼女が〈視えない〉のは、人に限らない。

「物でもそう。怪談本とかもらっても、すぐに失くしちゃう」

目の前にあるのに、視えていないのである。

旅のお守り

ジュエリーのデザイナーであるマユさんが教えてくれた話。

二十年ほど前——この仕事をやり始めた頃にね、すごく気に入って手に入れたトルコ石があったの。格別トルコ石が好きってわけじゃなかったんだけど、その石は黒い筋のない、快晴の空のような明るいブルーをしていて、一目惚れしちゃったのよ。

少しだけウンチクを語らせてね。

その石は、アメリカはアリゾナ州のスリーピング・ビューティー鉱山から出たもので、一般的に入手可能なナチュラル・トルコ石としては最高品質なの。素晴らしく綺麗なマーキスカボッション・カットのルースで、しかも完全な未処理石。たぶん二十カラットくらいあったと思う。

スリーピング・ビューティー鉱山は二〇一二年に閉山しちゃったのよ。だから、その鉱山から出る石は今じゃなかなか見かけなくなったけど、当時はまだ採掘されていたし、それほど大きくて良質な石も世の中に出回ってたのよ。それでも奇跡に近かったけどね。だから、かなりの高値だったけれど奮発して買って、自分用のペンダント・トップに加工したの。

気に入って毎日身に着けていたんだけど、いつの間にか見当たらなくなっちゃって。首にかけるものだから、イヤリングなんかと違ってうっかり落とすはずはないの。まあ忙しい最中だったし「どこかに仕舞い込んだのかな」ぐらいに考えていたんだけど。

そうしたら、ある日ね。ゴルフから帰ってきた父親が嬉しそうに、

「これ、マユに似合いそうだから拾ってきた」

ってトルコ石を出してきて。ビックリなんてもんじゃなかった。

まさに私が作ったペンダントなんだもの。刻印がしてあるから間違えようがないの。

「コースを回っていたら落ちてた」って言うんだけど、どうしてそんな場所にあるのか、まったくわからないわけ。

でも、見つかったのは事実だし。だから「家を出る父が、玄関先で車のキーをポケッ

トへ入れる時に、たまたま置いてあったペンダントも一緒に入れちゃったんだ。それがゴルフ場でたまたま落ちて、たまたま父が見つけて拾ったんだ」と、そういうことにして自分を納得させたの。

それからしばらくは失くさないよう、注意して身に着けていたよ。

けれど、気が付いたらまだ見当たらなくなっていて。ほんとに仕事も忙しかったし、気にしている余裕もなかったからまた放っておいたんだけど。

そしたらある夜、出張から戻ってきた父親が、

「あの石を見つけたよ」

って、またそのトルコ石を――。

「旅館で宴会を終えてから風呂に入って、浴衣に着替えて部屋に戻ったらあったんだ。〝あ、マユの石だ〟と思って、持って帰ってきた」

その時はさすがに「なんでそんなところに！」と、みんなでびっくりしちゃって。

「この石、お父さんのところに行きたがるね」

妹がそう言って、「本当に不思議だね」なんて笑い合っていたんだけど――。

それからしばらくして、父が入院することになったの。検査で病気が見つかってね。それまでは風邪ひとつ引かない人だったから、まさかというのが正直な感想。でもクヨクヨしていても仕方がないからね。完治を信じて、毎日お見舞いに行って。その時は、例のトルコ石のペンダントを着けるようにしていたの。

案の定、父はそれを見るたび、

「俺に懐いている石だよな」

と嬉しそうに話をしてくれて。だからこっちも嬉しかったんだけれども。

ある日——病院に着いて気が付くと、そのペンダントが胸元から失くなっていたの。家を出る時に着けたのは確かだし、電車に乗る前もちゃんとあったのは憶えている。どこかに引っかけて落とせばすぐわかるし、そもそも自然に落ちないような構造だし。なんだか嫌な予感がしてね。

すぐに来た道を引き返しながらあちこち探して、駅にも届けを出したよ。

その翌日に、父は亡くなったの。急変して、もうあっという間。父の死に顔を見ながら、私は思ったんだよね。

「ああ、あのトルコ石はもう出てこないな、今度こそお父さんが持って行ったな」あの石、本当に父を好きだったんだと思うから、そう確信した。


そうだ、さっきのウンチクでひとつ言い忘れていたっけ。

トルコ石って旅人を守ると信じられていて、旅立つ人に持たせる国もあるの。

その知識があったから「あれを持って旅立ってくれたのなら、まあ安心だよな」と、父の死に、諦めもついたのよ。

そういう意味では、その石に一目惚れした私の勘も正しかったんだろうね。

めのこ

地方にある老舗の薬屋が実家だったというヤスミさんから聞いた話。


彼の家では、家族それぞれに持たされている物があったという。

それは、碁石大の平らに磨かれた小さな石で〈めのこ〉と呼ばれていた。

縮緬《ちりめん》だか綸子《りんず》だかで縫われた手作りの小袋に収められており、母親から「うちは目の疾病が多い家系だから、これを大事にしなさい」と言われていた。

たしかにヤスミさん自身も、小さな頃からよく「ものもらい」に罹《かか》っていた。

そんな時、祖母や母親がヤスミさんの〈めのこ〉を持ってくると、床の間の太い柱をゴシゴシこする。そして「柱の神さま、目を治してください」と唱える。

それでも治らない時は、中庭にある井戸の蓋を半分だけ開けて〈めのこ〉を握った手を差し入れ「井戸の神さま、全部見たければ目を治してください」と唱えて蓋を閉める。柱の神さまにお願いするより、井戸の神さまにお願いしたほうが良く効いたという。そして、ものもらいが治ったら約束通りに〈めのこ〉を井戸の中に見せてお礼を言う。

ある時のこと。

ヤスミさんは遊びに来ていた従弟《いとこ》とふたり、それぞれが持たされている〈めのこ〉を小袋から出して遊んでいた。おはじき遊びのようにそれぞれを畳の上で滑らせてはカツンカツンとぶつけていたのだが、何度目かでヤスミさんの〈めのこ〉が勢いよく当たり、従弟の〈めのこ〉を庭に弾き出してしまった。

あ、痛い。

いきなり従弟が目を押さえて苦しみだした。

驚いて「大変、大変」と大人を呼びに行って一連の出来事を話すなり、ヤスミさんは大いに怒られ、すぐに眼医者へ従弟とふたりで連れて行かれた。

結局、従弟は水晶体とやらが破裂しており、ほとんど視力を失ってしまった。庭に弾き出された彼の〈めのこ〉は庭石に当たり、砕けて砂のようになっていた。

ヤスミさんの目は幸い問題なかったが、右目の白い部分に血の塊《かたまり》のような赤いシミが出来て、それは今も消えていない。

彼の〈めのこ〉には、小さな傷がついていた。

傷は、目の赤い部分と同じくらいの大きさだった。


〈めのこ〉は〈目の小〉。

おまえの小さな目、代わりになるものだから大事にしなくてはいけないのだよ。

祖父はヤスミさんに、静かな口調で言い含めたという。


「実家の薬問屋はとうに閉めてしまったんですけどね。薬屋が言うような話じゃないですよね、こういうの」

今も〈めのこ〉を身に着けているのかは笑って教えてくれなかったが、ヤスミさんはそう言った。

ひと目

介護職のデイケアサービスに就いているケイコさんが、送迎車の運転手をしているミヤケさんという男性から聞いた話。

ミヤケさんは曜日ごとに決まったルートを送迎車で周回し、介護施設と利用者宅を往復するのが仕事である。

だからその朝も彼はいつも通り送迎車を走らせて、イクオさんという高齢の男性を迎えに行った。ところが家に着いてみると、いつも窓から顔を覗かせ車を待っているイクオさんが、玄関の外に立っているではないか。

「ありゃ、珍しいこともあるもんだな」と思いながらも、ミヤケさんはイクオさんを助手席に乗せた。その場所は彼の指定席なのである。

普段と変わらない様子で微笑《ほほえ》んでいたイクオさんだったが、ミヤケさんが車を発進させるやいなや寝息を立て始めた。スヤスヤと眠るイクオさんをそのままに、ミヤケさんは残る二人の利用者をピックアップして後ろの座席に乗せ、施設へと向かった。

到着すると、イクオさんは相変わらず自分の横で眠りこけている。

彼をひとまず後回しにして、ミヤケさんは後ろの二人を施設に届けた。ところが、いざ車へ戻ってみると――。

助手席には誰もいなかった。

車から一人で勝手に降りて、どこかに行ったのか。いやいや、イクオさんの年齢を考えると、そんな真似なんか到底できないはずだ。痴呆の症状は出ていなかったから、徘徊するとも考えにくい。

疑問は多々あったけれど、いなくなったのは紛れもない事実である。ミヤケさんは慌てて施設のスタッフに理由を説明し、手分けして近所を探すことになった。

ところが、イクオさんはまるで見つからない。

「もしかして、自宅に戻っちゃったんですかね」

スタッフの一人がそんな可能性を口にした。

まさかそんなわけがない。イクオさんの家は、施設から数キロは離れているのだ。それでもミヤケさんは念のため、イクオさんの家へ電話をかけてみることにした。

以前イクオさんに聞いた話が確かなら、自宅には独身の息子が同居していたはずだ。二階の部屋に始終こもっているとの話だったが、今回は居てくれたほうが助かる。

電話が数コール鳴って、ようやく「はい」と低い音の声が聞こえた。

「もしもし、実はイクオさんがですね……」

ミヤケさんが事の次第を話すと、息子らしき男性は「じゃあ、ちょっと一階を見にいってみます」と言うなり、ドタドタと足を鳴らしながら階段を降りていった。

そのまま返事を待って、二十秒ほどが経った頃。

「オ、オヤジが！　オヤジが倒れてます！」

息子の慌て声が、受話器の向こうから届いた。

まもなくイクオさんは、施設スタッフの要請した救急車で病院に搬送された。

発見時には意識があったものの、結局その夜に病院で亡くなってしまったという。

数日後、ミヤケさんは職員からイクオさんの〈家庭事情〉を聞かされた。

彼は早くに妻を亡くし、男手ひとつで一人息子を育てあげたのだという。けれども息子は就職に失敗、それから独身のまま五十歳を迎えている。

同居こそしているが、息子は父親の介護どころか家事の類もまったくおこなっていなかったようで、ドアに鍵をかけたまま汚部屋で毎日を過ごしていたらしい。

「イクオさんは〝ひとつ屋根の下にいるのに顔を合わせることもないんだ。せめて、一度くらいはちゃんと話がしたいんだがねえ〟と嘆いていました」

スタッフの話を聞き終え、ミヤケさんは不思議な体験が腑に落ちた。

親の面倒すら見られない息子でも、親にとっては大切な我が子だ。

だから最期にひと目会いたくて、私たちの前にあらわれ、消えたのではないか。

「今でも私は、ふいに助手席を見てしまうんだよ。でもイクオさん、あれから一度も乗ってきてくれないんだよ」

ミヤケさんは少し寂しげに、ケイコさんへそう語ってきかせたという。

夜の散歩

セキネさん夫婦に子供はいないが、大型犬のサスケという大事な家族がいる。

ふたりとも働いているので、朝の散歩はセキネさん、夜の散歩はセキネさんの帰りが大概遅いので奥さんが行くようにしていた。

ところがある朝、急に奥さんが「夜の散歩に行きたくない」と言い出した。

理由を尋ねても答えず、奥さんは「なんか嫌なの」の一点張り。

朝晩の散歩はサスケにとって何よりの楽しみ。それが朝一回になるのはかわいそうだ。かといって、夜中に帰宅してから出かけるのはさすがにキツい。

「とりあえず今夜帰ってから話を聞くよ」と言いおいて、セキネさんは先に家を出た。

その晩も、やはり帰宅は夜中になった。

奥さんは寝室から出てこない。サスケは玄関でセキネさんの帰りを待っていた。その様子で、散歩に連れて行ってもらってないのだと察した。

「なんだよ、あいつ」

独り言ちてから「とりあえずトイレをさせなければ」と思い、セキネさんは着替えもせずにサスケを連れて家を出た。

「家の周りを一回りするだけで今日は勘弁な」

そう声をかけたが、サスケはいつもの散歩コースと反対方向に勢いよく走り出した。張られたリードももどかしそうに首輪を喉に食い込ませて、妙な詰まり声を立てながら必死で先を急ぐ。

「ちょっとちょっと、夜は朝と別な散歩コースなの？」

大型犬の力で振り回されそうになるところを必死で抑えつつ、セキネさんは小走りでサスケの行く道をついていった。

まもなく愛犬は、最初の角を曲がった先にある一軒家の前でピタリと立ち止まった。門の隙間に顔を押し入れ、真っ暗な家に向かって切なげな声を上げている。

夜中の閑静な住宅街である。迷惑になってしまうと思い、セキネさんは慌ててリードを引っ張った。門扉から引き離そうとするものの、サスケは頑として動かない。
野良猫でもいるのか、それとも別の犬のにおいでもするのか。
「おいサスケ、いったいどうしたんだよ」
小声で窘《たしな》めるが、サスケはさらに甘えた声で門扉に身を摺り寄せている。
まずいなあと頭を掻きながら、改めてその家を見た。
「あれ?」
表札がない。
空き家なのか？　こんな近所に、いつの間に？　前はどんな人が住んでいたっけ？
そんなことを考えていた矢先、サスケが「ワンッ」と豪快に吠えた。
あたふたと大きな胴体を抱きしめた結果、セキネさんは犬の目線で門扉の奥を見た。
その家と隣の家との隙間、真っ黒な暗がりに何かが動いている。
目を凝らす。
一本の白い腕が、おいで、おいで、と揺れていた。
人がいる。いや、違う。腕の出ている高さも、その長さも尋常ではない。
そして腕の奥には——身体がない。

その場を離れまいと踏ん張るサスケをなんとか引きずり、セキネさんはそのまま家に連れ戻った。

帰ると奥さんが起きていて、強張った顔のセキネさんを見るなり顔をしかめた。

「ごめんね。夜の散歩に行くと、いつもサスケがあそこに行っちゃうの。私の力じゃ連れて帰れなくて。誰かが通りかかってくれたら消えるから、サスケも動いてくれるんだけど――」

ひと気のない道で暗がりの中、誰かが通るまでサスケを抱きしめている小柄な妻の姿を想像すると、さすがに「夜の散歩は任せておいて」と言うしかなかった。

そんなわけで、以降はセキネさんが夜の散歩も行くことになったという。


ここからは、セキネさんが近所の人からのちに聞いた話である。

あの家では三か月ほど前、ひとり暮らしの未亡人が自殺したのだという。

しかし、セキネ夫妻にとっては見ず知らずの人、なんの関係もない人物である。犬を飼っていた様子もなかったと聞いている。

そんな家に出る奇妙な腕に、なぜサスケが懐いているのかはわからなかった。

いつか、サスケも別の場所に気が向くようになるだろうか。その日が早く来ることを願いつつ、セキネさんは無理やり別の道を散歩させている。

だが、愛犬はまだまだあの家を忘れられないらしい。今でも隙を見せると、あの家の方向へ向かおうとしてリードを引っ張るそうだ。

退院

サトコさんの五歳の娘が肺炎を起こして入院した時の話。

三日経って退院することになり、病室で着替えの片づけをしていると、

「その子も連れて行ってもいい？」

娘が唐突にそんなことを言った。

誰のこと？　病院でお友達ができたの？

「ずっと寝たままなの。連れて行ってもいい？」

空のベッドを指さす娘に戸惑っていると、病室に入ってきた看護師がにこやかに言う。

「この部屋、女の子なんかいませんから。誰も見えませんから」

妙な空気になったところで、娘の手を引いて急いで病室をあとにした。

帰宅して数日後、娘が教えてくれた。

家族そろって寝ている寝室のベッドに「あの子がいる」のだという。

この家が気に入ったから、ずっと「いる」つもりなのだという。

「なんであの時、病室で〝連れて行けないよ〟と娘に言わなかったのかしら」

ヤスコさんは途方に暮れている。

梅園

その春、梅園で有名な寺へ花見に行くことになったミキさんとご主人は「どうせなら大人数のほうが楽しいから」と、知り合いのオノさんご夫婦を梅見に誘った。

花盛りの梅は予想以上にきれいだった。

「来年も全員で来ましょうね」と約束した翌月、オノさんの旦那さんが急逝した。

翌年の春、「今年も梅を見に行きたいけど、オノさんはお気の毒で誘えないね」という話になり、ミキさんたちは別な知人のクドウさんご夫妻と行くこととなった。

やっぱり梅は美しく、誰からともなく「来春もぜひご一緒しましょう」と誓った。

その翌週、クドウさんの夫が亡くなった。

仲の良かったご夫婦に相次いで不幸があっては、おちおち誘うわけにもいかない。

次の年の春は誰も誘わず、ミキさんは夫婦ふたりで梅を見に行った。

翌日、ご主人が急に倒れて亡くなった。

「偶然だと思っています。思っていますが――」

四十九日を終えたばかりのミキさんは、声を詰まらせながらそう話してくれた。

金色の時

死を目前とした人を見ると、影が薄いとか、反対に黒いとか、違った色に見えるとかそんな話を聞くことがある。海外での仕事が多いヨウコさんによると、頭がすっぽりと金色に包まれている人は、かなり近い将来に亡くなるのだという。


ある海外出張の移動日。

飛行機に乗り込んだ瞬間、ヨウコさんは「あれ？」と思った。

金色のベールに包まれた人間が、機内のあちこちに見える。首を捻《ひね》りながらシートに着席した。しかし、この時点でベールに包まれた人間が多いということは——。

「体調がよくないから降りる」

そう客室乗務員に伝えると、彼女は相手に口を挟む隙も与えずに席を立った。一緒にいたアシスタントもピンときて、急いであとを追った。

かくして数時間後、その便が多くの死亡者を出したと報道された。乗客全員が犠牲になったわけではないものの、ヨウコさんが座るはずの席は危ない位置にあった。

「金色のベールって、誰でもそういうふうに見えているんだろうな。ずっとそう思っていたんだけどね」とはヨウコさんの弁。

当たり前に見えている人にとっては、見えていないほうが不思議なのだと笑う。

特技

見えるという人ではないが、妙な特技を持つ人に会った。

様々な企業のコンサルタントをしているトキコさんは、クライアントや仕事先で会う相手の生年月日をすべて覚えている。

昔から、なぜか人の誕生日だけは記憶に残るのだという。

そんなトキコさんだが、どうしても相手の誕生日が思い出せないことがたまにある。なぜかド忘れしてしまい、数字ひとつ浮かばなくなる。そして、そういう相手は――。

近い将来に亡くなるのだという。

「それに気付いたのが私の秘書。打ち合わせや会食のあとで〝なんでかな、あの人の誕生日を忘れちゃった〟とか言っていたら、後日、その人のお葬式の連絡が来たりするの。

何度もそういうことがあったらしく、私のド忘れ状況をチェックしていたら――」

今のところ百パーセントで、トキコさんに誕生日を忘れられた人は死んでいる。

「なんの役にも立たないわよ。まさか〝誕生日を忘れちゃったのであなた死にますよ〟なんて相手に言えるわけもないし」

そう言って、トキコさんは肩をすくめた。

心配性

ミズキさんが母親と、地方にある母の実家へ行った時の話。

「祖父母はとうに亡くなって、実家は母の姉にあたる伯母夫婦が継いでいたんですが」

一年ほど前に伯母が亡くなり、伯父はすっかり意気消沈してしまっていた。

伯父の娘にあたるサエさんが時おり様子を見には来るものの、彼女もとっくに嫁いで家を出ているため、頻繁に尋ねるわけにもいかない。そこで伯母さんの命日を前にして、母親が実家の様子を見に行くことになったのである。加えて、田舎の大きな家とあって古い家財道具なども多い。それらを少しずつ整理したいというサエさんの要望もあり、ミズキさんも駆り出されることになったというわけだ。

到着した、その夜。ミズキさんと母親が客間で寝る準備をしていると——。

こんこんこん。ドアが軽く叩かれた。

ミズキさんはサエさんだと思い「はい、なあに？」と答えた。しばらくしても応答がないので、今度は母親が「入ってきていいわよ」と声をかけてみたが、それでもドアを開ける気配はせず、こんこんこんと音だけが続いている。

「ノック、だよね？」

母親がそう訊くので、ミズキさんもうなずいて立ち上がった。

ドアを開け、長くて暗い廊下を見渡すと——誰もいない。

ふと、母親が独り言ちた。

「姉さん、来たんじゃないかな。だってほら、骨が」

伯父は、伯母の遺骨を四十九日の際も墓に納めず「自分が死んだときに一緒に入れてもらいたいから」と仏間へ置いたままにしていた。

「お骨があるんだもの。魂も、まだこの家にいるんだと思う」

母親の仮説を肯定も否定もできず、ミズキさんは曖昧な返事をして床に就いた。

すると翌朝。起床したばかりのミズキさんへ、すでに目を覚ましていた母親が、「これなに？」と、妙な顔で机に置かれているペットボトルを指さした。

「いやいや、それお母さんの水でしょ」

母親は夜中に何度も目が覚めてしまう質《たち》で、いつも枕元に水を入れたペットボトルを用意している。自分の持ち物だというのに、何を言っているのだろうか。

ミズキさんがそう言って笑うと、母親は「でも、こんなもの知らないよ」と答えた。

見れば、ペットボトルの首に麻紐を通した小さな裁ちバサミが掛かっている。

「あんたが引っ掛けたの？」

「私じゃないよ。いつ気がついたの？」

「今――。明け方に起きて水を飲んだ時は、こんなの掛かっていなかったのよね」

母親は怪訝な表情を浮かべながら首を捻っている。裁ちバサミはかなり古い代物で、ずいぶんと使い込まれた痕跡があった。

待てよ。このハサミはもしかして。

閃いたミズキさんは台所に走り、朝食の用意をしているサエさんにハサミを見せた。

「これ、部屋にあったんだけど――もしかして」

その途端に、サエさんの顔色が変わった。

「母のだわ。どこにあったの？」

ミズキさんは、先ほどの遣り取りを伝えた。

「――変ね。裁縫箱は押し入れの中だし、誰も出していないのに」

やっぱり首を捻りながら、サエさんは伯母の部屋へ裁ちバサミを戻しに行った。

その日から帰るまでの四日間は、なにごともなかった。というより、ミズキさんも母親も納屋の整理と掃除に明け暮れ、不思議に想う余裕さえなかったのである。

いよいよ片付けも終盤に近づいた、三日目の午後。

ミズキさんは納屋へ置かれている衣装箪笥の奥に、一枚の暖簾を見つけた。藍染めの暖簾は伯母が縫ったものらしく、いかにもこの家に似合いそうな風合いに満ちていた。

「伯母さんの遺品だし、せっかくだから掛け替えようか」

名案とばかりに、ミズキさんは台所へ暖簾を持っていった。

だが、いざ掛け換えようと改めて確認すると、暖簾はところどころがほつれていた。

このままでは穴だらけで見栄えが悪い。困っているところに、母親が顔を出した。

「私が縫うよ」

母親はこともなげにそう言うなり、伯母の裁縫箱を出してきて暖簾を縫い始めた。

「姉さん、ほんとこういう針仕事が好きだったからねえ」

母親は懐かしそうに息を吐き——直後に「あ」と声を上げた。

「そうだ、どうせなら伯父さんのシャツの穴も縫わなくちゃ」

伯父はシャツの胸ポケットにモノを入れる癖があり、おかげでシャツはひとつ残らず胸のところに穴が空いていた。伯母が亡くなってからは縫う人もおらず、ひとまとめにされて置きっぱなしになっていたのである。

シャツの山を前に腕まくりをする母親を見ながら、ミズキさんは考え続けていた。

「ねえ、その裁ちバサミだけどさ——」

そう言って、母親が手にしているハサミを指さした。

「亡くなった伯母さんが〝縫ってやってくれ〟って引っ掛けたんじゃない？　伯母さん、やっぱり伯父さんのことが心配なんだよ」

刃先をしげしげと眺め、母親も静かにうなずいた。


実家を去る当日、ミズキさんたちは一連の話を伯父に告げた。

彼が誰よりも喜んだのは言うまでもない。おかげで最近は活力を取り戻し、慣れない縫いものにもチャレンジしているのだ――と娘のサエさんが知らせてくれた。伯父が裁縫に使っているのは、もちろんあの裁ちバサミである。

父の愛

まだ、携帯電話もなかった時代の話。

ヒデコさんは結婚したばかりの夫とともに、ある温泉町へ新婚旅行に訪れていた。宿の近くに海があるので、夕食までの間、二人で散歩に出かけていた。すでに夜の帳《とばり》が降り始めた海辺は二人の他に誰もいない。ロマンチックなムードの中、夫が波消しブロックの上に乗って歩きだした。

「ちょっと、危ないからこっちに来てよ」

「大丈夫、大丈夫！」

おどけるようにブロックからブロックへと飛んで歩いていた夫だが、ふいに姿が見えなくなった。隙間に落ちてしまったのである。

「早く、早く上がってきて！」

ヒデコさんの金切り声に、ブロックの隙間で水に浸かっている夫は、

「ダメだ！　隙間に腕が挟まって抜けない！」

と悲痛な声を上げた。

慌てたヒデコさんは、助けを求めに旅館へと走った。その後、消防隊員たちが救助に駆けつけたが、夫はブロックに腕を挟まれたまま溺死していた。

現場検証の結果、夫の腕が抜けなかった原因は着用していた腕時計がブロックに引っかかったためだと判明した。

腕時計はヒデコさんの父親の形見で、結婚の挨拶に訪れた夫が母親と会った際、

「これはあなたにしてもらうのが、亡くなったお父さんも何より喜ぶでしょうね」

そう言って手渡したものだった。

父親の形見が夫の命を奪ったのか。

あまりのことにヒデコさんは泣き崩れた。

以下は、のちに判明したことである。

ヒデコさんと結婚した男は常習の結婚詐欺師であり、土地や通帳などの名義を変えて離婚とともに財産をすべて奪いとる犯罪を繰り返していたのだという。

来ちゃった

この間、都内のT区役所にある地下トイレで——やっちゃったんです。

車で地下駐車場に入った途端、トイレに行きたくなって。建物は改装しててトイレも綺麗になったのに、地下トイレだけ以前のままで古くて薄気味悪いんですよ。

「やばいから行きたくないな。一階に上がって用を足そう」と思ったんだけど、とても我慢できなくて、とりあえずトイレに飛び込んだら——薄暗い上に和式が二つだけで。

もちろん誰もいないから、シンと静まり返ってて。

でも、こっちは限界でしょ。仕方なく個室に入ってパタンとドアを閉めたら。

「うふふ」って女性の笑い声がして。

怖くなって飛びだすと、一階まで一気に走ってトイレに駆け込みました。

体質なのか、たまにそういう体験をしちゃうんです。でも、しばらく視てなかったし、ちょっと油断していたところもあったかもしれませんね。

嫌なのは、そういう目に遭うとしばらく引き摺るんです。

いや、気持ちが落ち込むとかじゃなくて、本当に引き摺って連れてきちゃうの。


その夜、あんのじょう金縛りに遭ってしまって——身体がまったく動かなくなって。

当然なんの感覚もないんだけど、自分の両手が自分の肩を叩くようにもがいているのが視界に見えるんです。自分の意思と無関係に両手が暴れているんです。

「いやいや、どういう状況？」と思っていたら、枕もとに浴衣を着た長髪の若い女性が正座して座り込んでいるんです。私の顔を覗き込んでいるんですよ。

「うふふふふふ」って笑いながら。

本能なのか、その人を振り払おうと手を振り回していたんです。

ようやく金縛りが解けた時には、すっかり疲労困憊ですよ。両腕が筋肉痛になるし。

もうほんと勘弁してほしいんですよ。だから——。

あなた「怖い目に遭いたい」って言ってましたよね？

あそこに行けば絶対に味わえるから、ぜひとも行ってみてくれませんか——。

そんな電話をしてきたのは〈視えて〉しまう体質のタカコさん。

なんでも、その一件から二週間が経った今も「まだ家に居る」のだそう。

「あなたがあのトイレに行ってくれれば、きっとあの女もそっちに行くはずだから」と熱心に言ってくれるのだが——

来ちゃだめ

シングルマザーのヒトミさんから聞いた話。


その夜、彼女は都内の家に戻るため高速を飛ばしていた。

久しぶりの休みが取れたからと、母親と幼い娘を連れて東北の温泉旅行に出かけた帰り道だった。ついでに地方に住んでいる親戚の家を回ったために、すっかり帰りが遅くなってしまったのだという。

同乗の娘と母親はすっかりと爆睡している。それはそれでおとなしくて助かるのだが、黙って運転しているおかげで、どうにも瞼《まぶた》が重くなってきた。

「眠気覚ましにコーヒーでも飲もう」とサービスエリアに入る。娘と母親は「眠いからこのまま車で待っている」と言うので、彼女はひとり自販機に向かった。

平日の真夜中、おまけに小さなサービスエリアのせいか、自分たちの他に停まっている車はなかった。ヒトミさんは伸びをして眠気を払ってから、たまに贅沢しようかと缶コーヒーではなくドリップの自販機へ向かった。

コインを入れて出来上がりを待つ——。

すると空気が急に重くなり、うっすら耳鳴りがした。

え、なんだろう。そう思うと同時に、誰かがすぐ真横に立った。

嫌な予感がして顔を向けまいとしたものの、すでに遅かった。

横の人物が視界に入る。若い女。薄い色をしたキャミソールのワンピースを着ている。

手を胸のところで組んだまま俯《うつむ》いており、顔が激しく崩れていた。

見えない手で力いっぱい頬を挟んでいるのかと思うほど、鼻や唇や肉が曲がっている。

まるで、大きな衝撃を食らったような顔だった。ヒトじゃないと直感した。

早く立ち去らなくてはと思っているのに、身体が動かない。そうしているうち、女の声が頭の中で響いた。

「これから、事故にあって、わかれるの——乗ってもいい？」

声が終わると同時に、ちょうどコーヒーの完成を告げるブザーが鳴った。

反射的に身体が動いた。

コーヒーがなみなみと注がれたカップを取り上げ、ヒトミさんは叫んだ。

「――だめ!!」

絶叫するなり車に走って戻り、驚く娘と母をよそに急いでその場から走り出した。

「あの顔は事故に遭った結果なんでしょうね。直感だけど、彼女は助手席に乗っていて運転手の男性も死んじゃったんだと思います。かわいそうに」

そう呟いて話を終えかけたヒトミさんが、急にハッと顔色を変える。

「違うかも」

しばらく考え込んでいた彼女が、「うん、やっぱり違う」と同じ言葉を口にした。

「それだと〝わかれるの〟って言葉の意味がわからないですよね。もしかしたら相手の男性は助かったのかも。だから〝あの世とこの世で別れるの〟と告げていたんですね。だとすると〝乗ってもいい?〟は〝事故って一緒に逝ってくれない?〟ってことか――」

あの時、ちゃんと断っていなかったら私たち家族はどうなったんだろう。

そう言うとヒトミさんは、粟立《あわ》った腕を擦った。

やって来る

S島の知り合いに教えてもらった話。

その島にシノダ夫婦が越してきたのは一年ほど前だった。若い夫婦は、古民家を買い取る形で移住してきたのだという。

「子供のいない都会者がやっていけるのか」と、近隣の人たちは半信半疑だったようだが、シノダさんも奥さんも次第に根付いて島民と交流を深めていった。

島の生活にもすっかり慣れて半年ほどが経った、ある朝のこと。

ひとりの漁師がシノダさん宅に突然やってきた。

漁師は笊《ざる》を手にしており、中にはサザエやアワビなどがごろごろと入っている。

対応した奥さんは咄嗟に「売りに来たのかしら」と思ったようだ。これまで、そんな物売りが訪ねてきたことはなかったが、もしかすると昔からの風習なのかもしれない。だとしたら買ってあげるのが島民としてのマナーだろう。

ところが漁師は「これ」と言うなり玄関先にどすんと笊を置くと、そのまま奥さんに背を向け、歩いていってしまった。

「え？　あの、ちょっと待って」

奥さんは慌てて財布を取りに台所へ行ったのだが、玄関に戻ると漁師の姿はもとより置かれたはずのサザエやアワビの笊も無くなっていた。

翌朝、また漁師がやってきた。

昨日と同じく、笊に入れたサザエやアワビを「これ」と言って玄関先に置いていく。奥さんが「お金を――」と目を離した一瞬のうちに、漁師も笊も無くなっている。

二日続けての怪事に、さすがの奥さんもパニックになった。

早朝、市場へ出かけようとしていた夫にことの次第を伝える。シノダさんも半信半疑ではあったが、妻が嘘をつくとも思えない。

その日は市場行きを遅らせて、シノダさんも一緒に漁師を待つことにした。

まもなく奥さんの証言通り、漁師がサザエやアワビを入れた笊を持ってきた。

「これ」

玄関先へ無造作に置くと、漁師は外へ出ていく。その姿を二人で呆気に取られたまま見つめていると、漁師は置かれた笊ごと、うっすら滲むようにいなくなった。

今も漁師はやって来る。

近所の人に聞いたところ、古民家に住んでいた何代か前の住人は漁師だったという。しかし、縁も所縁もない若い夫婦の元へ、なぜ今頃になって漁穫物のお裾分けを持って来るのかはまったくわからずじまいである。

「なんとも不思議だ」と首を捻るシノダさんに対して、奥さんは「この島の住民として認められたのさ」と手を叩いている。

「もうすっかり慣れたわ。毎日来よっとよ」と、島の言葉で大らかに笑う。

いいから

プログラマーのカズマさんが徹夜続きの合間を縫って、シャワーと着替えをしに家に戻った時のこと。

全身洗ってスッキリしたら、眠気が一気に押し寄せてきた。

寝たらまずいよなと思いながらも睡魔には抗えず、一時間だけ仮眠を取ることにした。

職場に戻る時間をメールすると、間に合うようにアラームをセットした。


アラームが鳴っている。

――起きなきゃ。

目は覚めたものの身体が動かない。重いのではなく、ぴくりとも動けない。

どうなっているんだ、これは？

怖いというより、軽くパニックに襲われた。

動かない。起きなきゃ。仕事に行かなくちゃ——。

「いいから、いいから」

耳元で声がした。よくないよ、なにがいいからなんだよ。

「いいから、いいから」

声はずっと聞こえていた。ずいぶん長い間、動こうとあがいていたような気がする。

突然、ハッとこわばりが解けた。反射的に時計を見ると、アラームから十分が経っている。

慌てて寝起きの顔を水で乱暴に洗い、家を飛び出した。

予定していた時刻より少し遅れて会社に到着すると、周囲は大騒ぎになっていた。

事務所のある雑居ビルの入り口に車が突っ込んでいたのである。

予定通り事務所についていたら、巻き込まれていたかもしれない。


「あの〝いいから、いいから〟って声、一昨年に事故で亡くなった兄貴の声に似ていたような気がするんだよな」

そう言って、カズマさんが教えてくれた話。

毛髪奇譚

近所のバーテンダーのタカオさんから聞いた話。


子供の頃のこと。

夕方の近所の小さな公園で、タカオさんは友達と夢中で砂場を掘り返していた。

「なぜか、その遊びが自分たちの間で流行《はや》っていたんですよ。掘った穴から水が滲み出てきたことがあってね。そんなことでも面白がるじゃないですか、子供って」

その日も、そこらに転がっている棒や、誰かが忘れていったおままごとに用いるプラスチックの椀を使い、砂を一心不乱に掻き出しては穴を掘り進めていた。

三十分も経つ頃には穴も随分と深くなっていたが、どうしたわけか以前のように水は出てこなかった。でも、その代わりに。

髪の毛がごっそりと出てきた。

長さ四、五十センチほどもある黒い直毛が、掘れば掘るほど束になって出てくる。

「なんだこれは、と面白がって、ずるずる引きずりだしては遊びました。子供だから、気持ち悪いなんて思いませんでしたね。それでしばらく熱中していたんですが」

気が付くと、陽が沈みかけている。

続きは明日の朝にしよう——誰かの言葉に全員が賛成する。春休みの時期だったので、朝の早い時間に集合することを約束して家に帰った。

「それで翌朝、いの一番に公園へ駆けつけたんですが——」

砂場に開けた穴が、何事もなかったかのように消えている。引きずり出した髪の毛も、文字通り一本残らずなくなっていた。

「夜に誰かが埋め戻したとは考え難いんですよね。それだけの出来事なんですが、今もあれはなんだったんだろうって思います」

面白いことに、この話を思い出して誰かに話すと、きまって帰宅してから長い直毛の髪が何本も床に落ちているのだという。

「怖くはないんですけどね、毎回不思議ですよ。ウチの彼女はショートカットなので、浮気を疑われないよう今夜も帰ったら大掃除ですね」

◆　◆　◆

髪の毛に纏わる話がもうひとつある。

ライブハウスのオーナーであるアツヒコさんは、若い頃は自身も舞台に立って独り芝居を興業する役者だった。

ある時のこと。地方都市で公演した際、知り合いの伝手で安宿に泊まった。

「宿と言っても、今でいう民泊みたいなところで。ワンルームマンションのオーナーが芸能や演劇人に理解のある人でね、僕らみたいな熱意はあるけど金はない若者を、タダ同然で空き部屋に泊まらせてくれるっていうんだよ」

知り合いの知り合いなので、オーナーと面識はない。

「だから紹介してくれた知り合いに地図とカギを渡されて、彼に現金をそのまま払ったんじゃなかったかな。幾らだったか憶えてないけど。それで、マンションを出るときはポストに鍵を入れておいて、みたいに言われた記憶があるよ」

四階建てのこじんまりしたマンションで、宿泊先は一階にある部屋だった。

舞台後に打ち上げを終えると、他のスタッフは「友人のアパートに泊まる」「親戚の家で寝る」と三々五々消えていき、アツヒコさんはひとりでマンションに向かった。

泊まり先のワンルームには小さなキッチンスペースもあったので、1Kということになるだろうか。風呂とトイレが別になった、全体が少しゆったりめの作りになっている。置かれているのはパイプベッドと布団が一式、そこへ向かい合うように二人用ソファがあるのみという簡素な部屋だった。

「その一泊だけだったから、なんの文句もなかったよ。あとは寝るだけだしね。ただ、公演でそこそこ汗をかいていたので、さっぱりしたくて」

浴槽に湯を溜めて浸かり、ゆっくり身体をほぐす。風呂から上がった時には、すでに深夜二時を回っていたという。

Tシャツにトランクス姿でベッドに腰をかけて「ふう」と息を吐く。

公演の余韻に浸りたかったが、明日は午前中に撤収して東京に戻らなくてはいけない。いいかげん寝ないと身体が保たない。そろそろ床に就こう。

そう思い、ベッドから立ち上がろうとした。

身体が動かない。

座ったままの姿勢で、腕や足はおろか顔すらも動かせない。

「何が起きたのか全然わからなくて。〝酔ってるのかな、それとも病気なのかな〟とか考えているうちに、キンキンと耳鳴りみたいな音が聞こえてきたと思ったら――」

〈パチンッ〉と何かが破裂したような音が響いた。

その瞬間、部屋の真ん中を境に色が変わった。

自分の座っているあたりは煌々としているのだが、ソファの側は電気が切れたように暗いのである。

「部屋をぴったり二等分して線で描き分けたように、コントラストが違っているんだよ。そんな光景見たことなかったから、びっくりしちゃってさ」

驚いたのは、部屋の明暗だけではなかった。

向こう側の暗闇に、小さなお婆さんが座っていたのだ。

「本当に小さかったよ。身の丈五十センチくらいしかないんだから」

お婆さんは小柄すぎる身体で、両足を宙に伸ばした体勢のままソファに座っている。

おろしっぱなしの白髪が身体の丈と同じほど長い。それがなにより不気味だったという。

動けないアツヒコさんを前にお婆さんがニヤリと笑い、ソファからにじり寄るように暗闇の中からこちらへ移動してきた。

「どうやら俺の足元にいるらしいってことは、感覚的にわかるんだよ。でも身体も顔も微動だにしないから確認しようがないし。そこでようやく恐怖が押し寄せてきて——」

動けないとは知りつつも、なんとかして逃げようと身体に力を込める。

途端に、左足の親指がずっぽり濡れた。

素足で熟れた果物を踏んだような、爪先をゼリーに突っ込んだような感触。

なんだろうこれ、と考えるうちに「あっ」と思った。

口でしゃぶられているのである。

「もうわけがわからなくて、恐怖が一気にマックスまで跳ね上がって。〝俺、このまま気を失うかも〟と思っていたら——」

舐められている足の指先が痺れ始め、そのうち全身が心地良くなってきた。とろけるような気持ちよさで、たちまちアツヒコさんは夢見心地になり——。

気がついたら朝になっていた。

ちゃんとベッドへ横たわり、布団に潜っていた。

じゃあ、昨夜のあれは夢だったのか。

それにしても、気持ち良いのか悪いのかわからない奇妙な夢だったな。

布団から出て立ち上がったと同時に、左足の親指に妙な感触があるのに気が付いた。

屈んで見るなり、アツヒコさんは顔をしかめた。
四、五十センチもあろうかという長い白髪が数本、左の親指にグルグルと巻き付けられていたのである。
「またそれが結構しっかりと巻き付けられていてね。泣きそうになりながら、ほどいてゴミ箱に捨てました。なんだったのかは、今もわからずじまいだけど」


そのマンションに行ったのはその一度きりで、紹介してくれた知り合いともその後、色々あって疎遠になった。

部屋に何かいわくがあったとしても、もう確認しようもないのだが――。

「あの気持ちが良かった感覚だけは、リアルに憶えているんでね。まあ貴重な経験ではあったかなとも思ったりするよ」

とのことである。

ループ

東海地方に暮らす友人、ナガイさんから聞いた話。

彼の住む街にはK塚という遺跡がある。遺跡といっても小高い丘になっているだけの場所で、観光できるような場所などない。なので、昼間も訪れる人はほぼいない。

遺跡は外周を沿うように細い国道が走っている。その国道からK塚へと入る分岐には電話ボックスがあって、そこを過ぎると短いトンネルが口を開けている。ナガイさんは週に二回、車で息子を塾へ送迎する時にトンネルを利用していた。

その夜も彼は、塾帰りの息子を助手席に乗せると自宅へ向かって国道を走っていた。

助手席に座った息子は、学校であったことや頑張っているクラブの成績、友達との面白かった会話などを、声高に一人でしゃべり続けている。「うん、うん」と適当に相槌を打っていたナガイさん、妙なものが目に飛びこんできて思わずアクセルをゆるめた。トンネルの手前、ちょうど電話ボックスの前に誰かが立っている。

咄嗟に後続車がいないかをミラーで確認しながらスピードを落とし、よくよく見ると立っているのは若い女性だった。

反射的に「なんか嫌だ」と感じる。昼間でも人が歩いていない場所に女性がひとりで立っている。どう考えても怪しいが、何か事件に巻きこまれた可能性も捨てきれない。だとしたら見過ごすわけにはいかない。

やむなくナガイさんは女性に近づくと車を停め、運転席から「どうしたの?」と声をかけた。

「具合が悪くて、乗せてほしい」

女性は小さな声でそう言った。

聴きとりづらかったが、やはり助けが必要な状況だったようだ。

「後ろに乗ってください」

彼がそう言うなり、女性は後部座席へするりと乗り込んだ。なんとなく助手席へ目をやると、息子はいつの間にか眠りこけている。

（今、この状況で寝るのかよ？）と驚いたが起こすのもどうかと思い、彼は息子をそのままにして女性に話しかけた。

「トンネルを抜けた先に総合病院があるから、そこに行きますか？」

何があったか聞くのも憚られ、女性へ簡潔に問うと「はい」と答えが返ってきた。

再び車を出し、まもなくトンネルに入った。

病院まではここから一キロもない。すぐに到着するだろう。そこで彼女を降ろして、あとは自宅に帰るだけだ。大丈夫。すぐに終わる。何もない。

自分にそう言い聞かせながらトンネルを抜けるなり「あれ？」と声が出た。

道の左手に電話ボックスが見える。

その先にはトンネルがあり、今乗せた人物とは別な女性が立っている。

（トンネル、抜けたよな？）

おのれに問うているあいだにも、車は電話ボックスにどんどんと近づいている。なぜそんなことを聞いたのか自分でもわからないまま、彼は後ろに座る女性へ声をかけた。

「あの人、お友だち？」

後部座席の女性が「はい」と小声で答える。そう言われてしまえば停めないわけにはいかない。ナガイさんは再び停車して、道端の女性を後部座席に乗せた。

車を発進させたものの、先ほどの疑問は解消していない。

「こんな夜中にキミたちどうしたの？　旅行者なの？」

二人は答えない。

もう一度質問しようとした直後、車はまた目の前のトンネルに入った。

一分ほどでトンネルを出ると、ヘッドライトの光に電話ボックスが浮かび上がった。

今度は男性が立っている。

「ええ？」

ナガイさん、「さすがにこれはおかしい」と悟った。

そういえば、K塚のあたりには妙な噂があったはずだと思い出す。

深夜にこのトンネルを通過すると、ループにハマって永遠に出られなくなってしまう。

そんな話を、同僚か得意先の社員から聞いたような気がする。

ハナから信じていなかったから、その時は笑って終わった。だが、自分が今置かれている状況はまさしくあの噂通りではないのか？　ハマってしまったのではないか？

それで、あの噂は最後にどうなるんだっけ。

どうすれば無事に抜け出せるんだっけ。

必死に記憶を辿ったがいっこうに思い出せない。頭に靄がかかったような心持ちで、深く考えることができなかった。

息子は相変わらず助手席で寝息を立てている。こんなに眠りの深い子ではないはずだ。それなのに、なぜ今日に限って起きないのか。

我が子が変だ。自分も変だ。状況も変だ。全部が変だ。

嫌な汗をかきながら、ナガイさんは車をゆるゆると進め、電話ボックスの前に立っている男性の前で停まった。

「あの、お友だちですか」

「はい」

それだけ言うと、男は当然のように後部座席へ乗り込んできた。友人だと言っていたのに、誰一人として会話を交わす気配がない。

「病院に向かいますけど、いいんですよね――」

誰も答えない。

再び車を発進させて三度めのトンネルに入り、一分あまりで抜けた。しばらく走るとまた前方に電話ボックスが見えてくる。

手前には、やっぱり男が立っていた。

助手席の息子はまだ寝ている。起こす気もなかった。我が子を巻き込みたくなかった。電話ボックスの前で停まって「あの」と声をかけるなり、四人目の人物が後部座席に乗り込んでくる。そこで「あれ?」と疑問が湧いた。

(いや、無理だろ。後ろの席は三人乗りだぞ)

後ろを見ると、三人が並んで座っていて、最初に乗せた女性がいなくなっていた。

もはや何ひとつわからなかった。冷静に判断する余裕はなかった。

それからも、ループは続いた。老若男女が次々と乗りこんできた。

トンネルに入る。抜ける。前方左手に電話ボックスが見える。手前に人が立っている。声をかけて乗せる。またトンネルに入る——途中からは、もう何人乗せたのかはっきりしなくなっていた。「やらされている」ような感覚だった。

どうしたら抜けられるのだろう。自分は、いつまでこれをやらされるのだろう。

怖さよりも「困った」という焦りのほうが強くなる。

「次こそ抜けられるのでは」と半ばムキになって繰り返してはみたが、どう頑張ってもトンネルから先に行けない。後ろの席を見る気など、とっくに失せていた。

そのまま何周まわったか、どれほどの時間が経ったのか。

何十回目かの電話ボックスを目にした時、彼の中で何かが切れた。

もう嫌だ。うんざりだ。ナガイさんはブレーキを踏まなかった。

電話ボックスの前に立つ人物を見ないように、ほんの一瞬グッと目をつぶって乗車を拒んだ。

数秒後、恐る恐る薄目を開けて様子を見ると、人影はいなくなっていた。

今だ――停まらずにトンネルへと突入する。ルームミラーで後ろをちらりと見ると、並んで座っていたはずの三人は姿が薄くぼやけ始めていた。

「これはいけるかも！」叫びながらスピードを上げ、一気にトンネルを抜ける。

瞬間、助手席で眠りこけていたはずの息子が、

「それでね、国語のドリルが難しくて――」

急に起きて、塾での話をしゃべり出した。

「おいおい、なんだいきなり。おまえ、さっきまで寝てたやろが」

「え？」

ナガイさんの言葉に、息子がキョトンとした表情をする。

「お父さん何言ってるの。さっきからずっと話をしていたでしょ」

その後、何度尋ねても息子は「自分は車に乗ってから、居眠りなんかしていない」と頑なに言い張った。信じられぬまま、何気なく車に据え付けられたデジタル時計に目を遣ると、塾を出てから十五分と過ぎていなかった。何時間も経っていると思ったのに、いつもの帰り道と同じ時間である。

やはり自分はループしていたんだな。

もしあの時、乗車拒否しなければ、今も、きっと。

息子は脂汗ダラダラの父親を見て、不思議そうな顔をしていたという。


今もナガイさんは、息子を塾に送迎している。

自宅に戻る際はあの電話ボックスの前を通り、トンネルを行き来しているが、あんな体験はその一回きりだそうである。

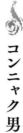

コンニャク男

ソノさんは幼少の頃、不気味な住宅に三か月ほど暮らしていたことがある。

本家を改築するため、不動産屋が紹介してくれた家に仮住まいしていたのだという。

二階建ての木造家屋でそれほど古い家ではなかったのだが、とにかく雰囲気が暗かった。とりわけ玄関から奥へと続く廊下は、昼でも真夜中のように黒かったのを覚えている。

暗いだけではない。

その廊下の途中には、いつも知らない老人がいた。

「痩せたおじいさんが、直立不動で爪先立ちしてるの。ヒョロッとした人でね。おまけにその人、コンニャクを咥えているんだよ。スーパーで売ってる、平べったいコンニャク。ビックリするよりも、なんだかその絵面が子供心にもツボに入っちゃって。でも〝あの人は誰なの〞って両親に聞いたら〝変なことを言うな〞って猛烈に怒るわけ。その態度で初めて〝あの人ってお化けなのかな。俺、見ちゃってるのかな〞と疑問に思ったんだよ」

疑問は解決したほうが良い。そう考えたソノさんは同級生たちに男の存在を打ち明ける。

ところが、結果は思わしいものではなかった。

多くの生徒は「気味が悪い」と嫌がって二度と話を聞こうとしない。豪胆を気取る何人かは「だったら見せろよ」と、家を訪ねてきたが、どれだけ廊下を見せても「いねぇじゃん」と首を傾げるばかりだった。

「いや、ちゃんと僕には見えてるんですよ。コンニャク咥えて立ってるんですよ」

しかし、彼の言葉を信じる者は誰もいない。

とうとう皆から嘘つき呼ばわりされるに至ってソノさん、「コンニャク男のことは自分だけの秘密にしておこう」と口を噤《つぐ》んだ。

「まあ、新居に引っ越してからはすっかり忘れていたんですけど」

唐突に思い出したのは、十数年後。

自分の家を建てることになり、なにげなく両親と昔話をしていた時だった。

「そういえば昔、古い家にさ……」

ソノさんがそこまで喋るなり、母が被せるように「あの家、怖かったわよね」と言い、それを受けて今度は父が「あの時は参ったよ」と溜め息をついた。

「三か月だけと我慢したが、爺さんがおっかなくってな。安く借りられるからといって、事故物件なんか借りるもんじゃないな」

嘆く父親に、ソノさんは思わず「え？　見えてたの？」と訊ねた。

「時々な。それにしても首を吊ったまんまの状態で出てくるなんて、自分が死んだことに気づいてなかったんだろうな」

「本当に気持ち悪かったわ。首吊りってああなるのね」

両親の会話を呆然と聞きながら、ソノさんはようやく気がついた。

老人はコンニャクを咥えてなどいなかった。

あれは死んで変色し、べろべろに伸びきった舌だったのだ。

お辞儀男

個人タクシーの運転手をしている四十代のサダさんが、数年前に体験した話である。

ある夜、国道を流していると下腹がしくしくと疼き始めた。しばらくは我慢していたが痛みはひどくなるばかりで、ついにはハンドルも握れないほどの激痛になってしまった。

やむなく彼は目についた救急外来へ強引に乗り入れ、真っ青な顔で受付に駆け込んだ。診察した医師の診断は急性虫垂炎。即入院で、翌日の手術が決まった。

手術当日。サダさんは手術着に着替え、ストレッチャーに横たわっていた。

「すでに痛みは点滴で治まっていましたから、気持ちに余裕があったんですよね。むしろ滅多に見られない光景にテンションが上がっていました」

手術室へ運ばれながら周囲を観察していると、ドアの端に立つ人が目に入った。

薄い頭頂部がちらりと見える。どうやら年輩の男性のようだが、なぜか自分に向かって深々とお辞儀をしている。

変な人だな。どうして僕にお辞儀しているんだろう。そんなことを考えているうちに、ストレッチャーは手術室へ滑り込んでいった。

手早く吸入器をつけられ、横向きで体を丸めるように指示が飛ぶ。

「これから背中に麻酔注射を打ちますからね、少し痛いですよ」

医師が説明をしている。けれどもサダさんはそれより気になることがあった。

手術室の隅に人が立っている。

さっき手術室の前にいた男が、またお辞儀をしている。

「なんで?」と思ったのを最後に、麻酔で意識が飛んだ。

再び覚醒すると、すでに手術は終わっていた。ぼんやりとしているサダさんの視界に、医師が臓器の破片をピンセットでつまみながら何かを話している。

「朦朧としたまま説明を聞いていたら、医者の横にいるんだよ。あの男が」

やはり、男はこちらに向かってお辞儀をしている。さすがに少し頭にきて「なんですかあなた」と言ったつもりになったところで、また眠りに落ちた。

「で、ようやく麻酔がすっかり切れて起きたんだけど、その時には病室のベッドの上でね。窓の外が真っ暗で、夜なんだなとわかった。まあ時間は別にどうでもよかったんだけど、とにかく喉が渇いてね、目を閉じたまま呻いていたっけ」

ナースコールを押したかったが、体が鉛のように重くて腕さえも満足に動かせない。

仕方なく「早く巡回が来ますように」と祈っていた。

すると、まもなく誰かが部屋に入ってきた気配がした。

良かった。看護師が様子を見に来てくれたのか。

ほっとして目を開けた途端、「ほぁえ……」と妙な声が漏れた。

仰向けに寝ている自分の目の前に男の顔がある。

あの男がベッドの横に立ち、サダさんの顔の上に向かい丁寧なお辞儀をしているのだ。

暗い部屋の中で、目の前の男の顔だけが白く浮いていた。

仰向けのままでゾッとしながら、サダさんは必死に自分を落ち着かせた。

こいつ、別に何もしてこないじゃないか。だから、きっと悪い人じゃないんだ。いや、人じゃないかもしれないけど、とにかく悪いものではないはずだ。

そうだよな、なにもしないよな。そんな気持ちを込めた視線を男に送る。

瞬間、男が口を大きく開けて舌をずるりと伸ばした。

サダさんの鼻の頭が舐められる。

卵白そっくりの、ゆるゆるとした感触だった。

「ふうわあ！」

思いがけず大きな声で叫び、全身を覆っていた鈍さが吹き飛ぶ。

すぐに靴音が近づいてきて「どうされました？」と、看護師さんが部屋の電気を点けた。

明るくなったと同時に、男の姿は消えたという。

「麻酔だとばかり思っていたあの重苦しさ、実はお辞儀男のせいだったんじゃないかな」

いまでも傷跡がわずかに疼くと、あの鼻の感触を思い出してしまうそうだ。

名刀のみならず

サラリーマンのタカさんが、北陸の山沿いにある実家へ帰省した時の話。

その夜、彼はひさしぶりに食べる母の手料理に舌鼓を打っていた。傍《かたわ》らに座る父親は、テレビをぼんやりと見ながら地元の日本酒を呷っている。

自分が家を離れる前と変わらない夕餉《ゆうげ》の風景。それを眺めながらしみじみしていると、父がおもむろに「へえ、刀でもあるんだなあ」と意味不明なことを言った。

視線を追うと父のまなざしはテレビに注がれている。画面には日本刀が大写しになっており、右上の隅に〈ひとりでに動く名刀の怪奇!〉とテロップが入っていた。番組は世界のミステリーを追うバラエティで、歴史的な銘刀が動く謎を解明するという内容だった。

「刀でも……って、どういう意味？」

そう訊ねる息子をじっと見てから、父は「そういや、お前は持ってねえもんなあ」と、またもやワケのわからないセリフを吐いた。

なんだよオヤジ、まさかボケたんじゃねえよな。

そんな不安が思わず顔に出てしまったらしく、父はとたんに不機嫌な表情で「お前、俺が耄碌《もうろく》したと思ったろ」と睨んできた。

「いやいや、別にそんなこと考えてないよ」

「うるせえ、だったら見せてやる」

そう言うと父は奥の間へ行って客用の布団を引っ張りだすや、それを茶の間を出た先の廊下にどすんと敷いた。

「お前、今夜はここで寝ろ」

「なんでだよ、寝室を使わせてくれよ」

抗議したものの、父は「いいからここで寝ろ」の一点張りで譲らない。

なにひとつ理解できぬまま、タカさんは生まれて初めて実家の廊下で眠った。

その夜遅く、激しい金属音で彼は跳ね起きた。

ガタガタと何かを揺するような音は、廊下の奥から聞こえている。そこには、人ほどの大きさをした長方形のロッカーが置かれていた。

あれ。あのロッカーは、たしか……。

タカさんが思い出すと同時に、いつのまにか背後に立っていた父が「な、刀ばっかりでねえだろ」と言った。驚いて振りかえり「あそこに入ってるのって……」と訊ねる。

「そうだよ、猟銃だ。ああして厳重に保管しねえといけねえんだ」

おまえはまったく猟には興味を持たねえからなあ、と独り言ちている。

そんなことより、こんな妙なものが家に置かれていたことを今まで知らなかった自分に、タカさんは驚愕した。

「なんだよそれ！　それに、なんで銃が勝手に動くんだよ！」

「そりゃ、俺が狩猟免許を取ったときに曾祖父さんがくれた年季物の一梃だからな。十月の狩猟解禁が近づくと、ああして〝早く出せ、早く出せ〟って暴れるんだ」

「そうなんだ……」

呆然としながら、タカさんは揺れ動くロッカーを見つめていたという。

実家を去る日、父から「どうだ、お前も狩猟免許を取ってみねえか」と誘われた。

「言われてちょっと迷ったんですが……断りました。だって、もし免許を取得したらあの銃を譲渡されるわけでしょ。あんな怖いものを飼い慣らす勇気はないですよ」

でも、一度じっくり眺めてみたい気持ちが日に日に膨らむんですよね。

私、もう銃に魅入られてるんですかね。

まんざらでもないといった表情で、彼はそう言った。

彼らのその後

介護関係の仕事に就いているメイコさんが、十五年ほど前に体験した話。

その頃、彼女はバイトをひとり雇ってパブスナックを経営していた。地方都市の立地が良い場所で常連が多く、おかげで店はいつも盛況だったという。

ある夜、ヨシムラさんという男性が、遠方から来た友人と一緒に飲んでいた。

「ママ、いつものアレ、写すんじゃないの？」

ヨシムラさんにそう言われて、メイコさんはカウンターの戸棚から小型のインスタントカメラを取り出した。当時、女子高生のあいだで人気だったカメラである。

「初めてのお客さんは、次いらした時にすぐ思い出せるよう撮らせてもらうのよ」

ほろ酔いでピースサインをする二人に向かってシャッターを切ると、まもなくカードサイズの印画紙が排出された。

ところが、浮かびあがってきた二人の姿を見て彼女は首を傾げた。

新規のお客さんの首から下が、真っ黒にぼやけている。

隣のヨシムラさんはなんともない。

それでもその時はあまり気にせず、余白に二人の名前と日付を書き入れた。

するとふた月後、青い顔でヨシムラさんが店を訪ねてきた。

「一緒に来ていたあいつ、ここへ来た翌日に死んじゃったんだよ」

衝撃の告白にもメイコさんはあまり驚かなかった。

実はあのあと、別の常連客と夜中まで盛り上がった際、バイトの女の子が店の様子を何枚も撮ったのだが、その時も常連客の体が黒く写り、その二日後に「自宅で急死した」と知らせが届いたのである。

「他にも何人か、あのカメラで撮ったら黒く写っちゃった人がいて、その直後に死んでるの。そんな不思議なことが起こるのは、店内で撮った時だけみたいなんだけどね――」

死期の近い人がわかってしまうってことね、とメイコさんはうなずいた。

件のインスタントカメラは、急きょ店を閉めることになった際のバタバタで、いつのまにか紛失してしまったという。

「そういえば、出張で来たっていう五人の新規さんがいたんだけど」

インスタントカメラでいつものように撮ったところ、五人とも真っ黒になった。

さすがに写した全員がそんな風になるのは初めてでゾクリとしたが、もちろん口には出さなかった。

彼らはボトルを二本入れ、日付が変わる頃「明日には帰るけど、来月も出張があるから、かならずまた来るよ」と上機嫌で去っていき、二度と姿を見せなかった。

彼らの会社がある県で未曾有の大地震が起こったのは、その二日後だったという。

いつものお返し

看護師のシズさんが新人だった頃の話。

当時彼女が勤めていた病院に、タカミザワさんという七十四歳の男性患者がいた。タカミザワさんは肝臓障害で長期入院していたが、偏屈なところが微塵《みじん》もない気のいいお爺さんだった。お祖父ちゃん子のシズさんにとっては、なんだか親しみの持てる患者だったそうだ。

だから彼女は、担当でもないのにタカミザワさんとしょっちゅう話をした。日勤が終わって帰る時には、いつもタカミザワさんの病室まで足を運び、枕元で「今日はG先輩に怒られちゃったよ」「師長に言われたことが上手くできなくってさ、なんだか落ち込むよ」などと、愚痴や悩みをいろいろ打ち明けていたのだという。

軽い認知症の気があったタカミザワさんは、彼女の愚痴を、

「そうですかぁ、そうですかぁ、それは大変ですねえ」

と、にこやかに聞いてくれる。

そうするとシズさんもなんだか安心してきて、「でしょう？　でも私、頑張るね」と明るい気持ちになる。先輩看護師も、「ほんと、孫とお祖父ちゃんね」と苦笑しつつも、「タカミザワさんも楽しそうだから見逃すけど、くれぐれも負担にならない程度にね」と、シズさんの〈お見舞い〉を了解してくれていた。


その夜、病棟は珍しく落ちついていた。

救急患者も搬送されておらず、気を付けねばならない重篤患者もいなかった。シズさんはじめ夜勤に入っていた看護師四人は、静かな夜に胸を撫で下ろしていたという。

とはいえ、いつ事態が急転してもおかしくはない。

「じゃあ、いまのうちに仮眠を取ろうよ」という話になり、ひとまずリーダーがナースステーションに残り、あとの三人は寝ることになった。

看護師たちが仮眠に使うのはリカバリールームと呼ばれる部屋で、ここのベッドは普

段、常に様子を見ていなければならない重症患者や亡くなる直前の方が入っている。病棟が落ちついているということは、その部屋のベッド六床がすべて空いていることを意味していた。

シズさんたち三人はそれぞれベッドを選ぶと、倒れ込むように横たわった。あっという間に意識が遠ざかり、眠りに落ちていく――。

ところがまもなく、彼女は息苦しさで目を覚ました。

無理やり現実に戻されていく不快感に、ふぅっと目を開けた。

あっ。

仰向けになっているシズさんの目前に、タカミザワさんの顔面が浮かんでいた。

普段の温和な様子からは想像もできないほど怒りに満ちた顔が、シズさんを真上から睨みつけている。

え？　なに？

咄嗟に起き上がろうとしたが、身体はまるで動かない。硬直しているシズさんの目の前で、タカミザワさんの顔はどんどん蒼白になっていき、表情に苦悶に歪む。言葉にならない唸り声が、地底から湧くように部屋の中に轟いていた。

やがて、苦しげな顔も呻き声も次第に薄れ、ぷつりと闇に消えた。

ベッドから半身を起こし、シズさんはしばし呆然としていた。

今自分が見たものはなんだったの？

私はタカミザワさんに怒られるようなことをしたのかしら？

だとしたら、謝らなければ。

そう思ったと同時に、身体が動いていた。リカバリールームを飛び出すと、彼女はタカミザワさんの病室へ向かい、ベッドを仕切っているカーテンをそっと開けた。

「あ！　タカミザワさん！」

ベッドの上のタカミザワさんは、容態が急変していた。

先ほど見たのと同じ、蒼白の顔色になり苦痛に表情を歪ませている。明らかにチアノーゼ、心停止呼吸停止である。

シズさんはすぐにドクターコールを鳴らした。

急いで心肺蘇生が行われた結果、タカミザワさんは一命を取り留めたという。

「あの時、彼は〝助けてくれ！〟と私に訴えていたんでしょうね。いつも愚痴を聞いてやっているんだから、そのお返しをしろよ――そんな雰囲気の表情でした」

怖いよりも助けられた喜びの方が大きかった、とシズさんは微笑む。

「その後、元気になって退院するまで、タカミザワさんには私の愚痴を変わらず聞いてもらいましたから。そのたびに、そうですかぁそうですかぁ、とやっぱりニコニコしていてね。ほんと、最期に見た顔があの苦しそうな表情じゃなくて良かったです」

退院の翌年、タカミザワさんは自宅で安らかに旅立ったという。

あいらぶ

七十七歳の喜寿を迎えたハナエさんの話。

彼女は五年前、同い年だった夫のヤスジさんを亡くしている。

やり手のヤスジさんは食材輸入から飲食店まで幅広く経営しており、現場第一主義で常に飛び回っていた。ハナエさんは「もう息子に代を譲って二人でゆっくりしよう」と訴えていたのだが、そんな懇願を受け入れる前にヤスジさんは仕事先で倒れ、そのまま帰らぬ人となったのである。

会社の一大事に関係者たちは大いに慌て、急ぎ長男に社長を継がせると盛大な社葬をおこなった。

葬儀の厳《おごそ》かさとは裏腹に、長男は恐慌をきたしていた。いい年になるまで父親の陰でのほほんとしていた人物である。どう考えても社長の器ではなかった。

そんな息子が心配ではあったが、家庭を守ることに努めてきたハナエさんにとっては会社のことなどちんぷんかんぷん、見守ることしかできなかった。

いきなり嵐の中に放り込まれたようで、夫の死を偲ぶ余裕さえなかったという。


四十九日の法要が終わり、諸々がようやく落ちつきはじめた頃。

初老のガラス職人であるYさんが、急に自宅を訪ねてきた。

Yさんが造るガラス食器はヤスジさんのお気に入りで、経営しているバーのグラスを一任したり、自宅で来客に提供するグラスを特注で製作させたりと、なにかにつけてはYさんを可愛がっていたのだった。

「社葬で顔を合わせたときには、ろくにお話もできませんでしたさかいに」

そう言って霊前で合掌すると、やおらYさんはハナエさんに向き合い、

「実は――」

と、本題を切り出した。

「急に今日来させてもらいましたんは、社長が昨日、夜中に夢枕に立ちまして」

「は？　お父さんが？」

「ええ。社長がね〝馬券を買ってくれ〟と言わはるんです。番号を言うたもんですから、飛び起きてメモしたんですが」

Yさんは懐から紙を取り出し、テーブルに広げた。

メモ用紙には、意味不明な数字の列が殴り書きされている。

「確かにお父さんは競馬が趣味でしたが――そんなこと言いに出てきたんですか。はあ」

Yさんは真面目で職人気質、嘘をついたり趣味の悪い冗談を言う人間ではない。

そうとわかってはいるけれど、でも――。

馬券を買ってくれって、お父さん、なんやのそれ――。

ハナエさんは思わずため息を吐いた。妙な空気が流れたところで「ですが――」と、Yさんが言葉をつないだ。

「社長からは〝ついでに〟言うことで、もう一つ伝言がありまして――」

そこで少し言い淀んでから、Yさんは「ヤスオさんへなんです」と漏らした。

ヤスオは、社長を継いでうろたえている長男の名前である。今まで会わせたこともないし、たぶん名前も伝えていなかったと思うのだが……。

あ然とするハナエさんを前にYさんは「では、伝言をそのままお伝えします」と、いかにも生真面目な職人らしく居住いをただすと、息を吸った。

「死んだのが急すぎた。ヤスオ、営業まとめているNに教えを乞え、まずは頭を下げろ、そこから始めろ――」

メモに書かれている文言を滔々《とうとう》と読み上げると、Yさん「内容から考えて、これは早いことお伝えせないかんと思いまして」

そう言って、役目を終えた安堵に大きく息を吐いた。

いっぽうのハナエさんは青ざめていた。息子はもとより、夫の懐刀だったNさんのことをYさんが知っているわけがないのだ。

ああ、これは本当に夫の遺言だ。

伝言がすっかり胃の腑に落ちたハルエさんは、Yさんに深くお礼を言った。


ところが、Yさんの訪問はこれで終わらなかった。

それから二か月ほどが経ったある日、再び彼が訪ねてきたのである。

「また社長が現れました」

前回と同様に切り出したYさんは「骨董を――と言われました」と言葉を続けた。

ハナエさんは苦笑した。確かに夫は無類の骨董好きで「美術館でもするつもりなの」とハナエさんに揶揄されるほどの数を集めていた。

でも、だからってそんなことまでYさんに言いに来たのか。

ハナエさんの笑みに釣られたのか、Yさんも苦笑いしながら「それらは、どのように処分してもらってもいいようです」

と、そこまで言ってから真顔に戻り、

「本題はこちらです」

持っていたアタッシュケースを開けて、小ぶりの箱を取り出した。

「枕元に立った社長が、私に頼まれたものです」

箱に入っていたのは、細長い脚のついているガラス製の小さなグラスだった。

お酒が強くないハナエさんは「梅酒なら」と夫の晩酌に付き合うこともあったのだが、その際に「もっと可愛らしいグラスで飲みたいわ」と、よく言っていたのだ。

もちろん、そのやり取りを知るのは自分たち夫婦だけだった。

「これを、夫がですか?」

「はい。急ぎ私が作りました。そして、あの、こちらを彫ってくれと――」

もごもごと恥ずかしそうに早口で言うと、Yさんはハナエさんの手のひらにグラスを乗せ、底の部分を指さした。

「I LOVE HANAE」

Yさんが彫り込んだ「社長からのメッセージ」だった。

「夫はビジネスが前提の付き合いばかりでしたから、Yさんは損得抜きで話ができる、数少ない友人だったんだと思います。商売人と職人というまったくの畑違いだからこそ、互いを尊敬していました。だから最期に、そんなこそばゆいお願いをしたんでしょうね」


専門家に鑑定したもらったところ、ヤスジさんが集めていた趣味の骨董品の数々は、どれもほぼ値打ちのつかないガラクタだった。ちなみに馬券の数字も外れていたそうだ。

「そういうものを見る目はない人でした。でも本人の中では、私のために財産を残したつもりだったのかもしれません」

なんだか愛おしそうに、ハナエさんは笑う。

「骨董も馬券も別にいいんです。私はじゅうぶん大事にしてもらいましたしね。本当は――もっと一緒にいることができればよかったんだけれど」

それにしても〈I LOVE〉だなんて、初めて言われましたよ。
はにかみながら話を終えたハナエさんの前には、小さなグラスが置かれている。
その品を、彼女は今も大事に使っている。

保護室の秘密

病院関係者のハルオさんから、具体的な情報をボカすという条件で聞いた話。

ハルオさんは、とある病院の精神科で働いている。

「私が勤務する施設は歴史が古く、創設は明治時代まで遡るんです。でも、歴史があるというのも考えようによっては困りものでして。増改築を繰りかえしたおかげで古い病棟と新しい病棟が敷地内に混在してるんですよ」

古い病棟であっても、現代の医療に対応できるよう機材や設備は刷新されている。それでも全体的な暗さはなんとも言い難く、ハルオさんは積極的には足を運ばない。

とりわけ彼は、最古の病棟にある「保護室」がすこぶる苦手なのだという。

病院の性質上、患者の中には錯乱して自傷行為におよんだり、職員に暴力をはたらくというのも珍しくない。そういった場合には、外界からの刺激を遮断して患者に落ちついてもらう必要がある。そのために造られたのが、隔離を目的とした「保護室」である。

「錯乱した患者さんを入れる空間なので、自殺できないようにシンプルな構造なんです。室内にはトイレしかありません。布団は床に敷いて寝ます。しかも、天井の監視カメラでナースステーションから二十四時間様子を確認できるんです」

それでも、自らを傷つけてしまう患者はいる。

事実、ハルオさんも先輩職員から「過去には職員の目を盗んで、ベッドのシーツを破った布切れで首を吊った男性の患者さんがいたんだよ」と聞いていた。

ある時のこと。保護室に入っていた女性患者がハルオさんの顔を見るたび、

「ちょっと、アレをなんとかしてよ!」

と、すさまじい剣幕で吠えるようになった。

「アレってなんのことですか?」

「決まってるでしょ夜中に来る男の人よ！　毎晩くるから迷惑なんだから！」

そんなわけはない。保護室の鍵は二重に掛けているし、九時以降は患者全員が病室で寝ている。誰かが病室から出ればすぐに連れ戻すようになっている。

「だから、最初は私も真に受けなかったんです。幻覚や幻聴に悩まされている方のための施設ですから。そういうことは日常茶飯事なので、すぐ忘れてしまったんですよね」

数日後、女性の患者は落ち着きを取り戻し、保護室を出ていった。

ところが――次の患者も「夜中に男が来るんだけど」と同様の訴えをしてくる。さらにはその次も、そのまた次の患者も同じクレームを口にする。

短髪の四十代前後の中年男性が、いつの間にか部屋の床に座っている。こちらをじっと睨んで、あかんべえをしている。彼をなんとかしてほしい――。

訴えは共通していた。まったく一緒だった。

「五人が続けて同じことを言っていたら、さすがに受け流すわけにはいかないでしょ。

かといって日報にそんなことを書いたら〝疲れてるんじゃない？〟と言われるのがオチだしね」

すっかり困ってしまったハルオさんは、六十代の最古参の先輩職員に相談することにした。

「あの、実は保護室で、短髪の四十代前後の中年男性が――」

患者たちの話をすると、てっきり笑い飛ばされるかと思いきや古参職員は話を聞き終えるなり、うんうんとうなずいた。

「それ、シーツで首吊った患者さんの容姿と一緒だわ」

「じゃあ――あかんべえっていうのは、縊死で、ベロが――」

絶句するハルオさんへ、古参職員は返事の代わりに舌を思い切り出すジェスチャーをし、「秘密やで」と言った。

「そういうのも聞いたから、私、保護室のある古い病棟には行きたくないんですよ。だって、自分も見ちゃうかもしれないでしょう。錯乱した患者さんですら嫌がるようなモノに遭ったら――」

ハルオさんは胸の前に両手を交差させて、大きなバツ印を作った。

余談だが、彼に「保護室の秘密」を教えてくれた最古参の職員はその後すぐに退職している。定年を待たず、ある日突然辞めてしまったのだという。

「これは噂ですけど——みんなで昼休みにお弁当を食べていたら、その職員の口の中から〈ちぎれたシーツ〉が、手品の旗みたいにスルスル出てきたんだそうです。そしたら翌日、辞表を出したって話で——」

そのシーツって、つまり、そういうことですよね——。

茶の味

その頃スギウラさんが勤めていたのは、特殊な部品を作る会社だった。

社員は、社長と経理の奥さんを除いて五名ほど。社長とスギウラさんは営業で外を飛び回っており、あとは工場を回す職人が二人と事務の女性Jさんがいた。


ある日のこと。

スギウラさんが営業から帰ってきてデスクに腰を下ろすと、Jさんがお茶を淹れてくれた。外回りを終えたあとの、お決まりのルーティンである。

私物のマグカップに淹れてもらったお茶に口をつけるなり「あれ?」と思った。

いつもと違って——美味しくない。

二十代後半のJさんは無口だが気の利く人で、事務仕事を手際よくこなす、社長の信頼も篤い女性だった。なによりスギウラさんが好ましく思っていたのは、彼女の淹れるお茶がすこぶる美味しいのである。なんでも実家が茶葉を扱っているとかで、会社では彼女の家から茶葉を購入していた。淹れ方も堂に入っていて、彼女が淹れてくれた茶のおかげで、改めて日本茶の美味しさを知ったと言っても過言ではなかったのだ。

そんなJさんが淹れてくれたお茶なのに、不味《まず》い。本当に不味い。

それでも、わざわざ文句を言うことでもないと思い、その日は「そんなことだってあるさ」程度に思っていた。

ところがその日以降、Jさんが淹れるお茶の味はどんどんと落ちていった。同時に、彼女自身の元気も失われているように見えた。

やがて、一週間も経つとJさんは休むようになり、ついには二日おきにしか出社しなくなった。その時には暗い顔をしながらもお茶だけは淹れてくれるのだが、それはまるで泥水のような味がする。スギウラさんはもちろん、他の社員もそれに気が付いていて、そっと目配せしてはうなずいていた。

なにがJさんに起きているのか、社長の奥さんが様子を聞いたりしていたようだが、詳細はわからないままだった。

それから二週間ほどが経った、ある日。会社には来たものの青い顔でぼんやりしているJさんを見かね、社長が帰るように声をかけた。

ちょうど決算期でもあり、Jさんが頼りにならない箇所はパートの女性にお願いしていたので、Jさんに構っていられないのが正直なところでもあった。

「はい、ご迷惑かけました」

Jさんはひっそりと事務所を出て行った。

営業先を回ろうと、ちょうど彼女を追いかける形で事務所を出たスギウラさんは、Jさんの後ろ姿を見て愕然とした。彼女は靴を履いていなかったのである。

ああ、本当に壊れちゃったんだな、と声をかけるのをためらい、その姿を見送った。

Jさんはもう会社に来ることはなかった。

それから五日後、Jさんの実家より、娘の死亡を確認したと会社に連絡があった。

彼女は自宅で首を吊っていたのだという。

葬儀は内々で済ませると聞き「せめて香典を」と、社員たちがお金を集めていたところ、社長が首を捻りながら妙なことを口にした。

「Jさんさ、司法解剖に回されたらしいんだけど――亡くなったのが三週間前だっていうんだよ――」


スギウラさんは言う。

「茶の味がおかしいと感じたあの頃、すでにJさんは亡くなっていたのかもしれません。社内全員、今も〝どこまでが生きていたJさんだったんだろう〟と話しています」

後日、古い書類を探すためにJさんのパソコンを確認すると、ドライブには書類も何もかも入っておらず、メモがたったひとつだけ残っていた。

「憎いです」

社長にも報告せずに削除したという。社員の中に交際相手がいたのでは、とスギウラさんは推測している。

女神の絵

スタイリストのユリさんが、二十代にこんな体験をしている。

ある時、彼女は叔父の四十九日法要に参加した。

亡くなった叔父は独り者で、実家のすぐ近くに住んでおり、ユリさんも中学生の時分はお使いで叔父の家をたびたび訪ねていた。

そんな叔父の葬式なのでぜひとも参列したかったのだが、あいにく大きな仕事が佳境に入っており、どうしてもお別れに駆けつけることができなかった。そこで、四十九日法要だけはなんとか都合をつけて実家まで戻ってきたのである。

法要が終わってまもなく、父親が風呂敷包みをどこからか持ってきた。

「これ、叔父さんの形見分け。持って帰っていいよ。お前、こういうの好きだったろ」

そう言いながら父親は風呂敷を解いて、一枚の絵画を食卓の上に置いた。

Ａ四サイズほどの縦長のカンバスに、素朴な筆致で女性の上半身が描かれている。すこしプリミティブな印象が漂う、どこか不思議な画風の絵だった。

そういえば叔父さんは若い頃、絵描きを目指していたと聞いている。だとすればこれは彼が描いたものなのだろう。

「自分の死を予感していたのか、家にはなにも残されてなかった。けど、これだけが壁にかけてあってね。処分するのも忍びなくて、お前なら気に入るだろうと持ち帰ったんだ」

父親の言葉を聞きながら、ユリさんは過去の記憶を思い出していた。

そうだ、この絵には見覚えがある。

叔父の家を訪ねた時、廊下の突きあたりに飾られていたのだ。

「これはね、女神を描いたものなんだよ」

叔父は、絵を眺める中学生のユリさんにそう言った。

よくわからず頷いていると、叔父は続けて、

「僕の死んだ恋人も、この絵のすぐ下に座っているんだ」

そのように教えてくれた。

人間嫌いで独り身なのだとばかり思っていた叔父さんに、恋人がいたとは。おまけに、その女性はすでに死んでいるだなんて。思春期のユリさんにとっては刺激の強い話だった。秘密を無理やり共有させられたようで、なんだか落ち着かない気分になった。

それにしても「死んだ恋人が絵の真下に座っている」とは、どういう意味なのだろう。詩的な表現なのか、それとも叔父は本当に恋人が見えているのか。そんなことを考えながら廊下を見ていると、絵の周辺にわけのわからないものがたくさんいるような気がした。

叔父の家に行かなくなったのは、ちょうどその頃だったはずだ。

当時は高校受験も近かったし、友人と遊ぶほうが楽しくて足が遠のいたんだと自分では記憶していたのだが、いま振り返れば、あの絵が怖くなったのだと思う。両親も何かしら感じるところがあったのか、お使いを断っても文句は言われなかった。

そんな、あまり愉快ではない思い出がするすると出てきたが、なにせ子供の頃の話だ。大人になった今なら印象も違うだろうと気を取り直し、ユリさんは改めて絵を観察した。じっくり見ると、あの頃は怖さしか感じなかった画風にも素朴な趣きがある。あんがい細工も凝っているから、もしかすると撮影の小道具に使えるかもしれない。

彼女は絵を風呂敷に包み直し「大事にするわ」とキャリーバッグにしまい込んだ。


自宅へ戻ると、さっそくユリさんは叔父の絵を壁に掛けた。

実家ではそれなりに良く見えたはずなのに、改めて見ると絵はやっぱり気味悪かった。絵画自体も不気味なのだが、絵の下に何かが密集しているような雰囲気がある。その密集したものが部屋の空気を澱ませている気がして、自室だというのに居心地が悪い。

ユリさんはすぐに絵を外すと、丁寧に風呂敷でくるんでクローゼットに押し込めた。

すると、今度はクローゼットの中から気配がするようになった。

なんだか小動物が潜んでいるような心持ちで、やけに落ち着かない。おまけに絵の存在を忘れかけると、決まって何かを擦るような音がクローゼットから聞こえてくる。

気になったものの、仕事がまた忙しくなってきたこともあって深く考えないようにした。

寝るために帰るばかりの生活の中で、いつしか彼女は絵の存在を忘れていった。

それからしばらく過ぎた頃、ユリさんは友達ふたりと食事をすることになった。同い年で同業種の女性と関西で整体を営む少し歳上の男性で、どちらも気の置けない友人、ユリさんも久々の再会を楽しみにしていた。

ところが、待ち合わせ場所で顔を合わせた途端、

「おまえ、家になんか置いてる?」

男性がそう言って「すごい数の何かがおるで。溢れてきてるで」と顔をゆがめた。

整体師の彼は霊感持ちを自称する人物で、かねてから「ちょっとしたコツは要るけど、人ならぬものが視えるんや」と公言していた。

「ちょっと、せっかく美味しいものを食べるのに変なこと言わないでよ!」と、女友達が声を上げる脇で、ユリさんは絵のことを思い出した。

彼女が恐る恐る説明すると、男友達はあっさり「あ、それや」と言った。

「その絵に惹かれて、いろんなモノが付いてきてる。それにしても多すぎるけどな」

「でも、最近は前ほど嫌な感じがしないよ」

「おまえ、慣れてきたんや。却ってヤバいぞ。なんなら俺の知り合いに見てもらおか」

男友達によると、彼の知人にOさんという霊能関係の男性がおり、そういったモノの

対処ができるのだという。

予想もしない展開だったが、あの絵を壁に掛けることは二度とないだろう。だとしたら早めに処分してもらったほうが助かる。

ユリさんは男友達に頼んでOさんへ絵を渡すことにした。

男友達も「そのほうがええ」と、ユリさんにOさんの連絡先を教えてくれた。

それでこの件はおしまいになるはずだったのだが、食事を終えようとした頃、いきなり彼が「そうや」と手を叩いた。

「どうせやから、処分される前にその絵を見てみたいな」

主張に押し切られる形で、二次会はユリさん宅で飲み直そうという話になった。

「なんにもないけど――」と買ってきた缶ビールやらつまみを並べたあと、ユリさんは風呂敷に包んだ絵をクローゼットから引っ張り出した。

絵を見るなり男友達が「やっぱり、俺がこの絵を持っていくわ」と言い出した。

どうしてと聞いても彼は答えない。絵を凝視したまま黙っている。なんだか妙な雰囲気のまま二次会は早々とお開きになり、彼は絵を手に帰っていった。

そして、それきり男友達とは連絡が取れなくなったのである。

彼の所在と絵のありかが気になったユリさんは、Oさんへ連絡を取ることにした。

「たしかに彼は絵を持ってきました。ただ、ここにはもうありませんが」

初めて会ったOさんは中年の男性で、まるでこちらの意図をすべて知っているように、質問をする前から絵のことを語り始めた。

「私の知っている寺へ納めるように助言したのですが、彼は上の空で……そのまま持って帰ってしまったのです」

「あの絵は、いったいなんなんですか」

「表向きはマリア像のイコンを象《かたど》ったものですが、描いた人間はまるで別な呪詛《じゅそ》、歪んだ目的を裏に込めています。その歪んだ目的ゆえ、あまりの禍々しさに低級なモノが寄ってきて、非常に良くない存在になってしまったようですね」

「歪んだ目的って、なんだったんですか」

「わかりません。それを確認する間もなく彼が持ち帰ったので。ただ、目的は果たされていると思われます。なので、あの絵は作者が荼毘に付される時、一緒に棺桶に入れるべきでした。あの絵自身もそれを望んでいたはずです」

「望んでいた――」

「あれは、誰かと一緒でなければ〝向こう〟に行けないのです。道連れが必要なのです」

Oさんもそれ以上は答えられず、そこで話は終わってしまった。絵の所在も結局わからないままだった。

判明したのは、それから数か月後のこと。あのまま連絡取れずにいた整体師の男友達の話を聞いた。

教えてくれたのは、あの時一緒にいた女友達だった。

「みんなで食事をした翌週、彼、スクーターに乗っていて追突事故に遭ったの。いまも病院で脊椎損傷の治療を受けているけど、もう首から下は動かないんだって。内臓の損傷とかも結構ひどかったらしくて――お見舞いに行ったけど、掛ける言葉も見つからなくて帰ってきちゃったんだよ」

「そんな大事な話、どうして教えてくれなかったの」

ユリさんがそう言うと、女友達が涙を拭いて「だって、怖くて」と答えた。

「ベッドの枕元に、あの絵が置かれてたんだもの」

叔父がどんな呪詛をなんのために、どのように込めたのかは、もはや知りようもないが、恋人だと言っていた女性はその犠牲者なのかもしれない。

そして願いが叶ったからには、Oさんの言うとおり、道連れを求めていたのだろう。

ユリさんはそんなふうに考えている。

五年後、長い闘病のすえ死んだ男友達の棺桶に、あの絵が入れられていたからである。

初出一覧

会議で言いたかったこと	書下ろし
縁もゆかりもない	書下ろし
根性見せました	書下ろし
彼の時間	書下ろし
アがなく	怪談四十九夜　断末魔
ざらつく空気	怪談四十九夜　断末魔
事故物件じゃないの?	怪談四十九夜　断末魔
赤電話	怪談四十九夜　断末魔
悲鳴	怪談四十九夜　断末魔
里帰り	怪談四十九夜　地獄蝶
猫の文句	怪談四十九夜　地獄蝶
何が隠されてた	怪談四十九夜　地獄蝶
家に来た人	怪談四十九夜　地獄蝶
一連の出来事	怪談四十九夜
最後の言葉	怪談四十九夜
怒りの矛先	怪談四十九夜
墓守の山	怪談四十九夜
人の最期(「人の最後」改題)	怪談四十九夜
少年の霊の話	怪談四十九夜　鎮魂
悲しみこらえて	怪談四十九夜　出棺
天の声	怪談四十九夜　出棺
悪意	怪談四十九夜　出棺
視える人と視えない人	怪談四十九夜　出棺
旅のお守り	怪談四十九夜　怖気
めのこ	怪談四十九夜　怖気
ひと目	怪談四十九夜　鎮魂
夜の散歩(「散歩」改題)	怪談四十九夜　荼毘
退院	怪談四十九夜　荼毘
梅園	怪談四十九夜　荼毘
金色の時(「最期」改題)	怪談四十九夜　荼毘
特技(「誕生日」改題)	怪談四十九夜　荼毘
心配性	怪談四十九夜　埋骨
父の愛	怪談四十九夜　埋骨
来ちゃった	怪談四十九夜　埋骨
来ちゃだめ	怪談四十九夜　埋骨
やって来る	怪談四十九夜　埋骨
いいから	怪談四十九夜　鬼気
毛髪奇譚	怪談四十九夜　鬼気
ループ	怪談四十九夜　鬼気
コンニャク男	怪談四十九夜　合掌
お辞儀男	怪談四十九夜　合掌
名刀のみならず	怪談四十九夜　合掌
彼らのその後	怪談四十九夜　合掌
いつものお返し	書下ろし
あいらぶ	書下ろし
保護室の秘密	書下ろし
茶の味	書下ろし
女神の絵	怪談四十九夜　合掌

※再録作は大幅に加筆改修を行っています。

Special Thanks
Yumeaki Hirayama
Aruji Kuroki

★読者アンケートのお願い

本書のご感想をお寄せください。
アンケートをお寄せいただきました方から抽選で
5名様に図書カードを差し上げます。
（締切：2024年3月31日まで）

応募フォームはこちら

魂消怪談 怪ノ目

2024年3月7日　初版第1刷発行

著者……冨士玉目
デザイン・DTP……延澤武
企画・編集……Studio DARA

発行所……株式会社 竹書房
〒102-0075　東京都千代田区三番町８－１　三番町東急ビル６F
email：info@takeshobo.co.jp
https：//www.takeshobo.co.jp
印刷所……中央精版印刷株式会社